Inhalt

W0190086

Anhang

Vorwort

Clever kombiniert – zur Literatur verführt

Wer vermutet, dass im viel zitierten Medienzeitalter Lesen und Schreiben für Kinder nicht mehr attraktiv ist, liegt mit seiner Meinung voll im Trend, hat aber doch nicht recht: Mädchen und Jungen lesen und schreiben gerne, wenn traditionelle schulische Vermittlungsformen verlassen und neue fantasievolle Wege beschritten werden.

Geschrieben ist dieses Praxishandbuch für alle Erwachsenen, die Kinder und Jugendliche für Literatur begeistern möchten: für Eltern, Bibliothekare, Erzieherinnen, Lehrer, Buchhändlerinnen sowie für literarisch Interessierte, die im Freundes- und Familienkreis die eine oder andere Idee gerne ausprobieren möchten. Nicht zuletzt natürlich auch für Kinder, die sich für ihre eigenen Aktivitäten und Spiele daraus bedienen können.

Baustein für Baustein

Die in diesem Buch vereinten Angebote sollen Sie, liebe Leserinnen und Leser, dazu animieren, sich ein literarisches Menü ganz nach Ihrem Geschmack zusammenzustellen. Je nachdem, ob Sie großen Appetit verspüren oder Ihnen der Sinn lediglich nach einer Vorspeise steht: Sie können aus der literarischen Speisekarte nach Herzenslust auswählen.

Damit Ihnen die einzelnen Programmbausteine nicht wie die sprichwörtlichen Wackersteine im Magen liegen, sollten Sie bei der Auswahl der einzelnen Vorschläge Ihre spezifischen Voraussetzungen und Möglichkeiten berücksichtigen und Ihr Angebot speziell darauf zuschneiden. Dann erleben Sie und alle anderen Beteiligten, dass der Umgang mit Literatur viel Vergnügen bereitet.

Besonderer Wert wurde auf eine ausgewogene Mischung zwischen einfachen und umfangreicheren Angeboten gelegt, so dass Sie sich für viele unterschiedliche Anlässe Anregungen holen können – in der Schule oder in der Familie und auch bei Straßenfesten, Geburtstagen, Ausflügen etc. Für all diese Gelegenheiten haben wir dieses Praxishandbuch prall gefüllt mit Vorschlägen.

Praxiserprobte Programmideen

Die Aktivitäten, zu denen unser Handbuch Sie einlädt, entwickelte die Münchner Ideenschmiede Kultur & Spielraum e.V., die bundesweit für ihre innovative Kinder- und Jugendkulturarbeit bekannt ist.

Alle Ideen für Aktionen und Spiele wurden in der Praxis erprobt. Dabei stand immer der aktive und produktive Umgang mit Büchern und Sprache, Schrift und Bild im Vordergrund. Die Literatur erwies sich so als ein idealer und unerschöpflicher Fundus für attraktive Kinderkulturprojekte. Sicherlich können Sie von dem Know-how und den Erfahrungen profitieren, die versierte PädagogInnen zusammen mit vielen Partnern im Laufe eines Jahrzehnts gesammelt haben.

Zur Nachahmung empfohlen

Die erfolgreichsten Programmbausteine, also diejenigen, auf die besonders viel Resonanz von Kindern, Eltern, Bibliotheken, Schulen und Buchhandlungen folgte, sind in diesem Handbuch festgehalten. Allen LeserInnen, die Lust haben bei Kindern das Interesse an der Literatur zu wecken, empfehlen wir bei der Programmgestaltung die unterschiedlichen Interessen und Vorlieben der Kinder zu berücksichtigen. Zwei Beispiele dafür: Handwerkliche Tätigkeiten, wie der Bau einer Buchstütze, bilden für viele Kinder eine erste Möglichkeit sich dem Medium Buch zu nähern. Andere Kinder bevorzugen dagegen den theatralischen Zugang, indem sie in die Rolle eines Kinderbuchhelden schlüpfen ... Verläuft der erste Kontakt mit der Literatur positiv, ist garantiert, dass weitere Begegnungen mit Büchern gesucht werden.

Wie Sie die zahlreichen im Buch ausgeführten Programmbausteine miteinander kombinieren und zu thematischen Projekten zusammenstellen, erfahren Sie im letzten Kapitel. Werfen Sie vorher einen Blick auf die zehn goldenen Regeln für literarische Veranstaltungen, die mit vielen organisatorischen Tipps aufwarten. Im „ABC der Leselust", auf das Sie beim Schmökern im Buch immer wieder stoßen, finden Sie Kurioses, Wissenswertes und Vergnügliches rund um die Kulturgeschichte des Buches.

Tausend Dank

Unser Dank gilt allen, die bei der Verwirklichung unserer literarischen Projekte mitwirkten, ihre Ideen beisteuerten, wertvolle Tipps und praktische Hilfestellungen gaben und mit viel Fantasie, Energie und Engagement den Aktionen zum Erfolg verhalfen.

Unsere literarischen Aktionen haben den beteiligten Kindern und Erwachsenen so viel Spaß gemacht, dass wir uns entschlossen haben, dieses Buch zu schreiben. Es wird Ihnen hoffentlich viel Spaß und Anregungen vermitteln.

Cornelia Beckstein und Marion Schäfer

Der geflügelte Bleistift

**Jede Menge Aktionen und Spielideen
rund um Schreiben, Lesen und Literatur**

von Cornelia Beckstein und Marion Schäfer

Ökotopia Verlag Münster

Impressum

Autorinnen: Cornelia Beckstein und Marion Schäfer

Illustrationen: Anne Wöstheinrich

Fotos: Cornelia Beckstein, Marion Schäfer, Reinhard Kapfhammer, Bernhard Kralovec

Satz: Studio Bandur, Idstein-Wörsdorf

Herausgeber: BBS – Buchwerk Bernhard Schön, Idstein

© 2000 Ökotopia Verlag, Münster

Dieses Buch wurde auf garantiert chlorfreiem, umweltfreundlichem Papier gedruckt.
Im Bleichprozess wird statt Chlor Wasserstoffperoxid eingesetzt.
Dadurch entstehen keine hochtoxischen CKW(Chlorkohlenwasserstoff-)haltigen Abwässer.

CIP-Titelaufnahme der Deutschen Bibliothek

Beckstein Cornelia:
Der geflügelte Bleistift: jede Menge Spielideen und Aktionen rund um Schreiben, Lesen und
Literatur / Cornelia Beckstein ; Marion Schäfer. [BBS-Buchwerk Bernhard Schön]. –
Münster: Ökotopia-Verl., 2000
ISBN 3-931902-51-X

Schock deine Eltern, lies ein Buch!

Literaturvermittlung und Leseförderung – eine aktuelle Herausforderung

Wer noch nicht lesen kann, sieht nur, was greifbar vor seiner Nase liegt oder steht: den Vater, die Türklingel, den Laternenanzünder, das Fahrrad, den Blumenstrauß, und, vom Fenster aus, vielleicht den Kirchturm. Wer lesen kann, sitzt über einem Buch und erblickt mit einem Male den Kilimandscharo oder Karl den Großen oder Huckleberry Finn im Gebüsch oder Zeus als Stier, und auf seinem Rücken reitet die schöne Europa. Wer lesen kann, hat ein zweites Paar Augen, und er muss nur aufpassen, dass er sich dabei das erste Paar nicht verdirbt.
(Erich Kästner: „Als ich ein kleiner Junge war")

Ob der viel beschworene Untergang der Lesekultur tatsächlich kurz bevorsteht, können wir an dieser Stelle nicht definitiv beantworten. Über die gegenwärtige Situation des Leseverhaltens gibt es vielerlei Spekulationen und Untersuchungen, die – je nach Auftraggeber – zu unterschiedlichen Ergebnissen kommen:
Die Shell-Jugendstudie von 1992 ermittelte bei 32,8 Prozent der ostdeutschen und 28,8 Prozent der westdeutschen Jugendlichen Lesen als liebste Freizeitbeschäftigung (vgl. Jugendwerk der Deutschen Shell 1992, S. 245f.). Das Ergebnis einer Studie der Bertelsmann-Stiftung aus dem Jahr 1993, die das Leseverhalten der Neun- bis 29-Jährigen unter die Lupe nahm, fiel ähnlich beruhigend aus: 60 Prozent der Neun- bis 11-Jährigen gaben an, mehrmals in der Woche oder sogar jeden Tag zu lesen (vgl. Hurrelmann 1993, S. 31).
Die Kids Verbraucheranalyse aus dem Jahr 1994 kam dagegen zu ganz anderen Resultaten: Das Lesen rangiert in der Liste bevorzugter Freizeitbeschäftigungen für die Sechs- bis17-Jährigen nur noch auf Platz 15 (vgl. Bockhorst 1999, S. 7).
Eine Schülerbefragung der Klassen 1 – 10 im Auftrag der Bertelsmann-Stiftung ergab 1997 ein differenzierteres Ergebnis: Fast alle Schulanfänger lesen oft und mit Begeisterung. Nach Abschluss der Grundschule nehmen Lesefreude und Lesegewohnheit dagegen rapide ab.

In allen Altersstufen gibt es im Leseverhalten deutliche Unterschiede zwischen Jungen und Mädchen. Diese lesen lieber und mehr als Jungen. Je älter die Heranwachsenden werden, desto deutlicher treten die Differenzen zu Tage: Während Leseneigung und Lesehäufigkeit ab der 7. Klasse bei den Jungen erheblich zurückgehen, bleiben Mädchen auch im Jugendalter dem Buch treu (vgl. Harmgarth 1997, S. 12).

Das Buch – ein wichtiger Begleiter von Kindheit und Jugend

In der Tendenz sind sich die Forscher einig: Leselust und Lesefertigkeit gehen in der zunehmend elektronisch bestimmten Medienlandschaft bei Kindern und Jugendlichen zurück. Dennoch greifen viele Mädchen und Jungen trotz Fernseher, Computer und Internet regelmäßig zum Buch und das weitaus häufiger als alle anderen Gruppen der Bevölkerung. Das Buch ist immer noch ein wichtiger Begleiter von Kindheit und Jugend und keineswegs zur Bedeutungslosigkeit im Alltag der heranwachsenden Generation verdammt (vgl. Dahrendorf 2000).
Neuere Untersuchungen belegen eindrucksvoll den großen Einfluss der Familie auf das spätere Leseverhalten: Alle Ergebnisse weisen darauf hin, dass die Erfahrungen im Elternhaus das eigene Leseverhalten lebenslang beeinflussen. Die Lesegewohnheiten der Eltern spielen eine

zentrale Rolle (vgl. Wieler 1997, Hurrelmann 1993, Köcher 1991) „Gerade für Kinder mit mangelnder familiärer Leseförderung ist die lesefördernde Tätigkeit außerfamiliärer Institutionen daher besonders wichtig" (Dahrendorf 1998, S.7).

Bemerkenswert ist ein Ergebnis der Bertelsmann-Schülerbefragung aus dem Jahr 1997, die sich mit dem engen Wechselverhältnis zwischen Lesegewohnheiten und übrigem Freizeitverhalten beschäftigt. Wider Erwarten ziehen sich Vielleser nicht bevorzugt in das Reich der Bücher zurück und nehmen wenig Anteil am richtigen Leben. „Im Gegenteil: Kinder, die besonders intensiv lesen, sind auch sonst besonders aktiv" (Harmgarth 1997, S.12 und S. 89 f.). Umgekehrt gilt jedoch nicht, dass ausgesprochen freizeitaktive Heranwachsende zwangsläufig eine ausgeprägte Leseneigung ausbilden. Was den Umgang mit anderen Medien anbelangt, sind sich alle Studien zum Medienverhalten weitgehend einig: Vielleser nutzen neben den Büchern die gesamte Bandbreite der zur Verfügung stehenden Medien. Sie nutzen diese Medien allerdings gezielter als Wenigleser.

Die wissenschaftliche Tatsache, dass die Qualität des Gelesenen nur eine sekundäre Rolle zu spielen scheint, wird alle Eltern beruhigen. Die literarische Qualität der Lieblingsbücher der Mädchen und Jungen ist „sowohl für das Ausmaß der Lesepraxis der Kinder wie auch für die Intensität ihrer Leseerfahrungen nahezu irrelevant" (Hurrelmann 1993, S. 32f.) Wichtig ist, dass das Lesen Spaß macht, informativ und unterhaltsam ist: Auch das Lesen von Comics oder Trivialromanen erweitert die Lesekompetenz. „Kinder, die gern und viel lesen, haben im allgemeinen auch Eltern, die die Lesestoffe ihrer Kinder nicht zensieren. Charakteristischerweise lesen sie vieles durcheinander, beileibe nicht nur wertvolle Kinderbücher" (Hurrelmann 1998, S. 190). Jetzt darf man endlich zugeben, dass die Lektüre von Enid Blyton & Co. Freude gemacht hat – schließlich ist man auf diesem Weg zum passionierten Leser geworden!

Die Kulturtechnik Lesen als entscheidende Voraussetzung für Medienkompetenz

Mit der wachsenden Bedeutung elektronischer Medien wird das Lesen nicht weniger wichtig, sondern sogar überlebenswichtig für den multimedialen Alltag. Die neuen Medien mit ihren spektakulären Attraktionen üben eine große Faszination auf Kinder und Jugendliche aus und sind zu einem elementaren Bestandteil ihrer Lebenswirklichkeit geworden. Daran ist nichts auszusetzen, solange das Buch im Alltag von Kindern eine gleichwertige Rolle spielt.

Lesen ist eine grundlegende Kulturtechnik, es ist die entscheidende Voraussetzung für Medienkompetenz in der zukünftigen Informationsgesellschaft. Nur wer sein dreibändiges Handbuch im entscheidenden Moment zu benutzen weiß, wird fähig sein, souverän und kreativ mit dem Computer umzugehen! Nur wer lesen lernt und auch später gerne und viel liest, wird aus der Fülle der unterschiedlichen Medieninformationen die wichtigen auswählen, strukturieren und verwerten können.

Damit die ehrenwerte Gesellschaft von Computer, Fernsehen, Internet, Gameboy & Co. das ehrwürdige Medium Buch in Zukunft nicht ins Abseits katapultiert, sind attraktive Konzepte zur Leseförderung gefragt: Für sie ist der Einsatz neuer Medien selbstverständlich und sie können durchaus mit den elektronischen Angeboten konkurrieren.

Literaturvermittlung und Leseförderung mit Erlebnischarakter

Dieses Handbuch tritt den Beweis an, dass es literarische Aktionen und kreative Spielideen gibt, die es mit der elektronischen Konkurrenz aufnehmen können. Es dokumentiert, wie anregend und lebendig der Umgang mit Literatur sein kann, und es zeigt auf, wie leicht es ist, Kinder für die Welt der Bücher zu begeistern – auch in der Schule! Denn die Schulen machen es den Kindern schwer, eine positive Beziehung zu Büchern aufzubauen: „Immer wieder wird in Untersuchungen der Lesegewohnheiten von

Kindern und Jugendlichen festgestellt, dass sie zwar überdurchschnittlich viel lesen, aber während ihrer schulischen Laufbahn zunehmend die Freude am Lesen verlieren. Der Pflichtcharakter des Lesens während der Schul- und Ausbildungszeit, ein Literaturunterricht, der einer lustvollen Lektüre entgegensteht, sind wohl nur zwei Faktoren unter vielen, die für diese Entwicklung verantwortlich sind" (vgl. Böck und Langenbucher 1998, S. 32). Die Schlüsselbegriffe zur Erziehung in Sachen Lesekompetenz heißen Lesespaß, Leseerlebnis und Leseförderung. Auch der Freizeitforscher Horst W. Opaschowski meint, dass sich die Lesekultur nur durch eine Steigerung der Erlebnisfähigkeit behaupten wird (vgl. Dempwolf 1998, S.12). Damit können wir gerne dienen: Mit Kreativität und Einfallsreichtum werden spielerische Formen in der literarischen Arbeit mit Kindern und Jugendlichen veranschaulicht und Projekte und Aktionen dokumentiert, die neue Zugänge zu Büchern eröffnen und außergewöhnliche Erlebnisse mit dem Phänomen Buch ermöglichen.

Mit einer ungewöhnlichen Werbekampagne versuchte die Mayersche Buchhandlung in Köln die Aufmerksamkeit ihrer minderjährigen Kundschaft zu erregen: „Schock Deine Eltern, lies ein Buch!" lautete der Slogan, mit dem um junge Leser geworben wurde. Dieser ironische, provokative Werbespruch, der Kinder dazu auffordert, genau das zu tun, was Eltern nicht erwarten, weist vielleicht so all den um Leseförderung bemühten Erwachsenen den richtigen Weg: Wie wär's, wenn auch Sie den Kindern das vermitteln, was sie nicht erwarten? Dass das Erleben von Literatur nämlich nicht anstrengend und mühselig, sondern spannend und aufregend ist und das eigene Leben ganz erheblich bereichern kann ...

Literaturhinweise

Böck, Margit und *Langenbucher, Wolfgang R.*: Der kompetente Leser, die kompetente Leserin – Plädoyer wider den Pessimismus in Sachen Lesen, in: Lesen im Umbruch – Forschungsperspektiven im Zeitalter von Multimedia, Bonn 1998, S. 32)

Bockhorst, Hildegard: Zauberwort Zielgruppe: KJL – für wen?, in: Kinder- und Jugendliteratur in Deutschland, München 1999

Dahrendorf, Malte: Kind und Literatur im gegenwärtigen Deutschland, in: Sachverständigenkommission für den 10. Kinder- und Jugendbericht (Hrsg): Kulturelle und politische Partizipation von Kindern. Kulturarbeit für und durch Kinder – Interessenvertretung. Materialien zum 10. Kinder- und Jugendbericht (Band 3), München 2000

Dahrendorf, Malte: Leseförderung in der Frühphase. In: JuLit 1/98, S. 7

Dempwolf, Gertrud: Lesen bleibt unbestreitbare Kulturtechnik. In: JuLit 4/98, S. 12

Harmgarth Friederike (Hrsg.): Lesegewohnheiten – Lesebarrieren. Schülerbefragung im Projekt „Öffentliche Bibliothek und Schule – neue Formen der Partnerschaft", Gütersloh 1997, S.12 und S. 89 f.

Harmgarth, Friederike (Hrsg.): Lesegewohnheiten – Lesebarrieren. Schülerbefragung im Projekt „Öffentliche Bibliothek und Schule – neue Formen der Partnerschaft", Gütersloh 1997, S. 12

Hurrelmann, Bettina u.a.: Lesesozialisation. Band 1. Leseklima in der Familie, Gütersloh 1993, S. 31

Hurrelmann, Bettina u.a.: Lesesozialisation. Band 1. Leseklima in der Familie, Güthersloh 1993, S. 32 f.

Hurrelmann, Bettina: Lese- und Mediengewohnheiten im Umbruch – Eine pädagogische Herausforderung. In: Lesen im Umbruch – Forschungsperspektiven im Zeitalter von Multimedia, Bonn 1998, S. 190

Jugendwerk der Deutschen Shell (Hg.): Jugend 92. Lebenslagen, Orientierungen und Entwicklungsperspektiven im vereinigten Deutschland. Band 2. Im Spiegel der Wissenschaften, Opladen, 1992 S. 245 f.

Wieler, Petra: Vorlesen in der Familie. Fallstudien zur literarisch-kulturellen Sozialisation von Vierjährigen, Weinheim und München, 1997 und *Hurrelmann, Bettina u.a*: Lesesozialisation. Leseklima in der Familie, Gütersloh, 1993 sowie *Köcher, Renate*: Familie und Lesen. Eine Untersuchung über den Einfluss des Elternhauses auf das Leseverhalten. In. In Sachen Lesekultur, Bonn 1991

Damit es ein Erfolg wird!

Zehn goldene Regeln für literarische Veranstaltungen

1. Nobody is perfect: Der Inhalt zählt, nicht die Form!

Wenn Kinder in ihrer Freizeit freiwillig zur Feder oder in die Tastatur greifen und Geschichten schreiben, darf die korrekte Rechtschreibung keine bzw. nur eine sehr untergeordnete Rolle spielen. Die Kreativität sollte nicht durch die Suche nach Fehlern gehemmt werden.

2. Freiwilligkeit ist Trumpf!

Die Entscheidung, wie und wann sich ein Kind an einer literarischen Aktion beteiligt, sollte – wenn möglich – vom Kind gefällt werden. An manchen Tagen kann man nun mal nicht kreativ sein und es fällt einem einfach nichts ein! Wie intensiv sich jedes Kind am Spielgeschehen oder am Produktionsprozess beteiligen möchte, hängt ganz vom Interesse und der Befindlichkeit des Kindes ab.

3. Teamarbeit macht Spaß!

Schaffen Sie Anlässe, die Kinder untereinander in Kontakt bringen. Zusammen etwas ausdenken und entwickeln ist zwar oft schwierig, macht aber meistens viel mehr Spaß als allein! Zudem ist das im heutigen Alltag von Kindern nicht mehr selbstverständlich. Die Kinder lernen voneinander und miteinander, vorausgesetzt, es wird gewünscht und unterstützt.

4. Das Thema geht alle an!

Wenn eine Aktion unter einem bestimmten Motto steht, sollte darauf geachtet werden, dass das Thema nicht zu speziell, sondern möglichst weit gefasst ist. Nur so ist gewährleistet, dass viele Kinder auf eigene Erfahrungen zurückgreifen und etwas zum Thema beitragen können.

5. Gute Atmosphäre regt an!

Ein nüchterner, sachlicher Raum ist selten fantasiestiftend. Die wirkungsvolle Gestaltung und Dekoration eines Raumes zum jeweiligen Thema (Märchen, Abenteuer ...) sowie vielfältiges Material, Requisiten und leicht herstellbare

Kostüme regen Kinder zu Einfällen und Ideen an und lassen sie kreativ werden.

6. Kinder wollen aktiv werden!

Wichtig ist, dass sich Kinder aktiv und produktiv mit einem Thema auseinander setzen und dabei sinnliche Erfahrungen machen können. Überlegen Sie vor Beginn einer Aktion, welche Materialien, Methoden, Tätigkeiten, Werkstätten und Spiele Sie anbieten werden und in welche Rollen die Kinder schlüpfen können.

7. Für jeden ist etwas dabei!

Entsprechend der unterschiedlichen Interessen, Fähigkeiten und Bedürfnisse der Kinder sind auch unterschiedliche Angebote notwendig, um sie für Literatur zu begeistern. Während ein Kind den Zugang zu einem bestimmten Thema über das Theaterspielen bekommt, wird ein anderes Kind besonders von handwerklichen Angeboten angesprochen.

8. Kinder brauchen Anregungen und Unterstützung!

Hält sich das Interesse der Kinder anfangs in Grenzen, ist von Seiten der Erwachsenen Motivationsarbeit und Einfühlungsvermögen gefragt. Vermitteln Sie den Kindern, welche Möglichkeiten zur aktiven Beteiligung bestehen, geben Sie konkrete Beispiele und versuchen Sie inhaltliche Bezüge zwischen den Kindern und der angebotenen Aktivität herzustellen. Mit Hilfestellung und Unterstützung sollten Sie keinesfalls geizen!

9. Öffentlichkeit für Kinder schaffen!

Die Bedeutung eines selbst verfassten Textes oder eines selbst produzierten Objekts steigt proportional zu der Öffentlichkeit, die das Werk zu erreichen vermag. Vergessen Sie deshalb nicht, von Zeit zu Zeit die Produktionen der Kinder vor Publikum zu präsentieren, z. B. anderen Kindern, Eltern, fremdem Publikum, Politikern, der Presse. Veröffentlichungsformen gibt es viele: Ausstellung / Ausstellungseröff-

nung, Zeitung, Buchproduktion, Fest, Bühnenshow, Lesung, Theaterstück, Videofilm, Verleihung eines Literaturpreises ... Die Vorbereitung für die Präsentation ist für Kinder spannend und aufregend. Sie stellt einen zusätzlichen Anreiz dar, sich intensiv mit einer Sache zu beschäftigen.

10. Kinder brauchen Erfolgserlebnisse!

Bei der Präsentation von selbstverfassten Texten oder kleinen Theaterstücken sollte immer ein Erwachsener dabei sein, der dann einspringt, wenn etwas nicht klappt. Die Mühe der Mädchen und Jungen soll schließlich nicht dadurch belohnt werden, dass sie sich vor dem Publikum blamieren ...

Praktische Tipps und Tricks

- Computer, Schreibmaschinen und Kopierer können Sie zu Sonderkonditionen bei verschiedenen Firmen ausleihen. Oft übernehmen diese auch die Aufstellung und den Abtransport.

- Kostüme und Requisiten müssen in der Regel nicht neu angeschafft werden. Zu Hause oder im Keller von Freunden und Kollegen findet sich so manches Stück, das man bei Aktionen als Dekoration oder Kostüm wirkungsvoll einsetzen kann. Fündig werden Sie auch auf Flohmärkten. Oder Sie bauen Requisiten mit einfachen Mitteln selbst.

- Bei Druckereien bekommt man oft – gegen Abholung – hochwertiges Papier gespendet.

- Kulissen, die Atmosphäre schaffen, können Sie zusammen mit Kindern gestalten: Besorgen Sie transparente Folie für einen Overheadprojektor und dazugehörige Stifte, Packpapier, Farben und Pinsel. Malen Sie zunächst die gewünschten Motive auf die Folie. Projizieren Sie sie dann mit den Overheadprojektor auf das Packpapier. Nun müssen die Umrisse nur noch von den Kindern nachgezeichnet werden.

Programmbausteine I
Literarische Aktionen
Schreib mal wieder! – Die Schreibwerkstatt

Es gibt drei Regeln, wie man einen Roman schreibt. Unglücklicherweise weiß niemand, wie sie lauten.
(W. Somerset Maugham)

Die Schreibwerkstatt soll Kinder dazu anregen, eigene Texte zu produzieren und sich selbst als AutorInnen oder GeschichtenerfinderInnen „literarisch" zu erfahren. Leider ist der schulische Alltag in den meisten Fällen nicht dazu angetan, die Lust am Schreiben zu wecken oder zu fördern. Die kreativen Möglichkeiten sind eingezwängt in Lehrpläne, in denen oft nur der klassische Schulaufsatz als literarische Ausdrucksform vorgesehen ist. Hinzu kommt, dass hier nicht allein die Geschichte, die Originalität oder der Einfallsreichtum gewürdigt, sondern auch alle Regeln der Rechtschreibkunst einer Bewertung und Benotung unterzogen werden.

Uns geht es nur um eines: Das Erfinden von Geschichten soll Kindern Spaß machen. Und es soll so wenig Hemmschwellen wie möglich geben.

Geschichten erfinden – Ein kleiner Leitfaden

Der Inhalt zählt

Ein entscheidender Punkt für die Motivation der Kinder zum Mitmachen ist die Betonung des Inhalts: Die Kreativität soll nicht durch Unsicherheiten bei Rechtschreibung oder Interpunktion eingeschränkt werden. Gerade Kinder mit überbordender Fantasie und Fabulierlust trauen sich oftmals nicht, ihre gelungenen Einfälle zu Papier zu bringen, da sie Angst haben, wegen der Rechtschreibfehler kritisiert zu werden. Deshalb: Wichtig ist nur die Geschichte, deren Aufbau und Verlauf. Fehler können – wenn nötig – zu einem späteren Zeitpunkt korrigiert werden.

Teamwork beflügelt

Das Verfassen von Geschichten muss kein einsames Geschäft sein, bei dem der Einzelne auf sich selbst zurückgeworfen ist. Die besten Ideen entstehen oft im Gespräch und der Zusammenarbeit mit anderen. Die jungen AutorInnen profitieren von der gegenseitigen Inspiration und erleben, dass es Spaß macht, gemeinsam eine Geschichte zu entwickeln, Charaktere zum Leben zu erwecken und ihnen die Abenteuer auf den Leib zu schreiben. Das ist eine wichtige Voraussetzung für weitere literarische Aktivitäten ...

Konkrete Vorgaben erleichtern den Einstieg

Es passiert häufig, dass bei der Vorbereitung einer Schreibwerkstatt ganz bewusst auf Vorgaben verzichtet wird, um die Fantasie der Kinder nicht einzuschränken. Doch die Themenfreiheit bewirkt in der Regel selten, dass die Ideen nur so sprudeln. Ganz im Gegenteil: Je konkreter die Vorgaben, desto schneller finden Kinder einen Einstieg.

Geben Sie ein Genre oder ein Thema vor, das bei den Mädchen und Jungen Assoziationen weckt und die Fantasie beflügelt. Zunächst fragen Sie die Kinder nach ihren Interessen und finden heraus, was gerne gelesen wird. Sind es vornehmlich Märchen und Tiergeschichten oder etwa Krimis, Detektivstorys und Gruselromane, vielleicht auch Liebesgeschichten? Die frühzeitige inhaltliche Festlegung hat den Vorteil, dass Sie die Räumlichkeiten für die Schreibaktion im Vorfeld entsprechend vorbereiten und dekorieren können.

Anregende Atmosphäre und Ausstattung

Eine anregende Atmosphäre fördert die Fantasie und macht Lust aufs Schreiben: Ein Klassenzimmer oder die Ecke einer Bibliothek lässt sich mit wenigen Handgriffen mit gruseligen Accessoires ausstatten, die die SchülerInnen von zu Hause mitbringen. Als improvisierte Kulissen dienen auf Packpapier aufgemalte Spinnweben, Särge und Turmuhren, die den TeilnehmerInnen an der Schreibwerkstatt sofort signalisieren, welches Thema auf der Tagesordnung steht. Gruselromane, effektvoll präsentiert, runden das schaurige Ambiente ab. Die Leseecke mit ausgewählten Büchern, Zeitschriften oder Comics wird oft als erste Chance zur Annäherung an die Schreibwerkstatt oder aber als Rückzugs- und Entspannungsmöglichkeit genutzt.

Die Ausstattung der Schreibwerkstatt mit charakteristischen Produktionsmitteln wie Büromöbel, Papier, Stifte, Layout-Materialien, Ablagen, Pinnwände, Zeitschriften sowie Schreibmaschinen, Computer und Drucker ist kein „Muss", kommt bei den Kindern jedoch sehr gut an. Oftmals steht die Beschäftigung mit dem Material oder den zur Verfügung stehenden Geräten noch vor dem Wunsch eine Geschichte zu verfassen, und für manchen ist dies ein erster Anreiz tätig zu werden. Eine Ausstellungswand, an der Manuskript-Entwürfe, bereits fertige Geschichten oder Illustrationen zum Betrachten und Lesen einladen, schafft zusätzliche Motivationen für Neueinsteiger.

Worum soll es gehen?

Sind alle Vorbereitungen getroffen, setzen Sie sich zunächst mit den Kindern zusammen und klären, um was es in der geplanten Geschichte gehen soll:

- Wo könnte die Geschichte spielen?
- In welcher Zeit?
- Wer sind die Hauptfiguren?
- Was könnte passieren?

Regen sie die Mädchen und Jungen dazu an, Vorschläge und Ideen zu äußern. Die Gruppensituation bietet einen gewissen Schutz vor Versagen und vor dem Druck ganz alleine etwas von sich geben zu müssen. Bitten Sie auch zurückhaltendere Kinder um deren Meinung, damit wirklich alle Beteiligten aktiv in die Entscheidungsfindung mit einbezogen werden. Kristallisiert sich in der Diskussion allmählich eine Idee heraus, versuchen Sie vorsichtig auszuloten, ob sich nur Einzelne für diesen speziellen Inhalt erwärmen oder ob alle Kinder mit dem Thema etwas anfangen können.

Der Anfang ist gemacht!

Ist die Wahl zum Beispiel auf eine Tiergeschichte gefallen, regen Sie die Kinder an, sich mit dem Thema auseinanderzusetzen und sich darüber auszutauschen. Dazu stellen Sie immer wieder kurze Fragen, die die Bandbreite des Themas andeuten und die Kinder zum Nachdenken motivieren, z. B.:

- Wer von euch hat ein Haustier?
- Seid ihr damit schon einmal in eine ungewöhnliche Situation gekommen?
- Habt ihr Mitleid mit den Tieren im Zoo?
- Welche Tiere flößen euch Angst ein?
- Seid ihr beim Spielen schon einmal in Hundehaufen getreten?
- Was haltet ihr von Tierversuchen? ...

In dieser Phase sind Ihre Beobachtungsgabe, Ihr Einfühlungsvermögen und Ihr Fingerspitzengefühl gefragt: Merken Sie, dass auf eine Frage besonders intensiv eingegangen wird und die Kinder kaum zu bremsen sind, können Sie einen Vorschlag machen – bei einer Tiergeschichte z. B.: Was haltet ihr davon, wenn es in unserer Geschichte um ein Mädchen und einen Jungen geht, die den Plan aushecken, die Schimpansenbabys aus dem Tierpark zu entführen? Springt der Funke auf die Kinder über, wird die Geschichte zusammen weiter entwickelt. Ist die Resonanz nur verhalten, warten Sie besser auf ein neues Stichwort, das Sie aufgreifen und erneut in die Runde hineintragen. Steht die Grundidee, ist die wichtigste Hürde genommen: Der Anfang ist gemacht!
Fällt den Kindern gar nichts ein, sollten Sie selbst einige Ideen und Vorschläge parat haben.

Weiterentwicklung der Grundidee

Dass aus der Grundidee tatsächlich eine Geschichte wird, bedeutet für die jungen SchriftstellerInnen noch ein hartes Stück Arbeit. Jetzt ist Hilfestellung von Ihrer Seite nötig. Geben Sie Impulse, damit die Kinder ihre Gedanken weiterentwickeln können. Denn die Figur eines Spions, der mit einer Geheimwaffe unterwegs ist, macht noch keinen Krimi. Und wenn ein Pärchen sich im Park küsst, ist da noch lange keine Liebesgeschichte ...

Tipps und Hinweise zum Aufbau und Verlauf der Geschichte

Bevor die Kinder die Geschichte aufschreiben, sollten Sie vermitteln, worauf es beim Aufbau und Verlauf einer Geschichte ankommt. Wir haben hier eine Reihe von Fragen aufgelistet, mit denen Sie überprüfen können, ob eine Erzählung schlüssig ist und sich ein gewisser Spannungsbogen durch den Text zieht. Versuchen Sie diese Informationen in kürzerer Form und altersgemäß an die Kinder weiterzugeben:

● Womit könnte die Geschichte beginnen?

Mit einer Naturschilderung? Einer wörtlichen Rede? Einer Idee, die gerade im Kopf herum schwirrt? Mit einer Personenschilderung, die über das aktuelle Aussehen, die momentane Verfassung und die Laune des betreffenden Menschen Auskunft gibt? Mit einem Ereignis, das heimlich beobachtet wird? Oder bildet ein Spickzettel, ein Zeitungsartikel, der achtlos auf dem Boden liegt, den Anfang der Erzählung?

● Wohin entwickelt sich die Geschichte?

Was passiert im Anschluss an die Eingangssituation? Welche Personen kommen ins Spiel? Wie reagieren die Hauptakteure und deren Umfeld? Welche überraschende Wendung kann die Geschichte bekommen? Ist die Reihenfolge logisch?

● Aus welchem Blickwinkel wird die Geschichte erzählt?

Der Perspektive eines Ich-Erzählers, z. B. einer Nachbarin oder einer Fantasiegestalt, die alles beobachtet? Der Sicht des Autors, der über alle Figuren der Geschichte gleichermaßen Bescheid weiß? Handelt es sich um ein Tagebuch oder eine Erzählung, die aus den Briefen unterschiedlicher Personen besteht?

● Wie werden die Hauptpersonen charakterisiert?

Aussehen, Persönlichkeit? Welche Launen haben sie? Was essen sie gern? Haben sie Haustiere? Womit verbringen sie den Alltag? Haben sie besondere Macken und Vorlieben? Wie ist das Verhältnis zu ihren Eltern, Nachbarn, Freunden, Mitschülerinnen? Sind Rückblenden nötig, um ihre Geschichte zu erfahren?

● Wie werden Atmosphäre, Zeit und Ort des Geschehens geschildert?

Kann sich die Geschichte überall ereignen? Zu welcher Tages- oder Nachtzeit spielt sie? Sind Zeit und Ort für die LeserInnen nachvollziehbar, z. B. durch die Schilderung von Geräuschen, Gerüchen, etc.? Welche Atmosphäre herrscht in den einzelnen Situationen der Geschichte? Wie ist das Wetter?

● Wie ist der Ausgang der Geschichte?

Hat die Geschichte ein glückliches oder ein trauriges Ende? Soll das Ende offen bleiben? Ist die Geschichte am Schluss belehrend? Wird ein Täter entlarvt? Endet alles mit einem großen Knall? War alles nur ein Traum?

● Wie wird die Geschichte spannend?

Zwischen dem Anfang und dem Schluss einer Geschichte spielt sich die Handlung ab, die entweder spannend oder langweilig sein kann. Wenig aufregend ist es z. B., wenn die Handlung für die LeserInnen vorhersehbar ist, wie im folgenden Fall:

Der letzte Gong ertönt, die großen Ferien beginnen. Ein Junge kommt mit einem sehr guten Zeugnis nach Hause. Die Eltern loben ihn, der Junge freut sich. Er verbringt jeden Ferientag im Schwimmbad. Wenn es regnet, macht er zu Hause Computerspiele. Am ersten Schultag nach den Ferien packt der Junge seinen Ranzen und macht sich auf den Weg zur Schule.

Ganz davon abgesehen, dass niemandem solche Ferien zu wünschen sind, fehlt dieser Geschichte ein ganz wesentliches Element: Der überraschende Wendepunkt. Die LeserInnen möchten mit den Hauptfiguren erleben, wie sie unerwartete Situationen meistern, etwas Tolles erleben, aber auch, wenn sich etwas Unangenehmes ereignet. Erst wenn die LeserInnen – mindestens einmal – überrascht werden und nicht erraten können, was als nächstes passiert, ist die Geschichte lebendig und interessant. Umgekehrt sollte es nicht allzu viele plötzliche Wendungen geben – sie sind für die Leserschaft meistens nur verwirrend.

Zur Übung können Sie den Kindern die oben formulierte Feriengeschichte vorlesen und sie dazu auffordern, der Erzählung ein bis zwei

Wendepunkte zu geben. Die Rahmenhandlung, der Anfang und eventuell auch der Schluss bleiben gleich:

Der letzte Gong ertönt, die großen Ferien beginnen. Ein Junge kommt mit einem sehr guten Zeugnis nach Hause ...Am ersten Schultag nach den Ferien packt der Junge seinen Ranzen und macht sich auf den Weg zur Schule.

Das zum Beispiel könnte dem Jungen widerfahren:

- Auf dem Nachhauseweg entreißt ihm eine stadtbekannte Mädchenbande das Zeugnis, so dass der Junge mit leeren Händen zu Hause ankommt.
- Als der Junge nach Hause kommt, findet er die Wohnung total verwüstet vor. Seine Mutter und die Schwester sind weg.
- Vor dem Schulgebäude wartet Sophie aus der 5b auf den Jungen und fragt, ob er Lust auf ein Eis hätte, es sind ja schließlich Ferien ...

Die Geschichte wird zu Papier gebracht

Nachdem Sie das nötige Know-How zum Verfassen einer Story vermittelt haben, sind jetzt die Kinder an der Reihe – einzeln oder in kleinen Teams von zwei bis drei Personen. Wie sie beim Erzählen und der sprachlichen Ausarbeitung der Texte vorgehen, entscheiden sie selbst. Die einen werden sich zunächst handschriftlich Stichpunkte aufschreiben, andere die Geschichte vielleicht direkt an der Schreibmaschine oder am Computer verfassen. Sie geben in dieser Phase Tipps und Hilfestellung, wenn die Jungen und Mädchen nicht weiter kommen oder sich in irgendeine Idee verrannt haben.

Für Teams ist es am effektivsten, wenn ein Kind schreibt und die anderen die Sätze formulieren und abwechselnd diktieren. Achten Sie dann auch darauf, dass alle Kinder ihre Vorschläge zur Geschichte beitragen. Damit ist sichergestellt, dass sich jedes Kind mit dem Verlauf der Erzählung identifizieren kann und mit

Kinder haben eine Vorliebe für Krimis, weil es meist darum geht, für das Gute zu kämpfen und das Böse zu verfolgen. Noch besser kommen Spannungsgeschichten an, wenn die Hauptfiguren ebenfalls Kinder oder Jugendliche sind.

Die Produktion einer solchen Geschichte ist für Kinder durchaus zumutbar, wenn Sie ihnen das klassische Muster eines Detektivromans vermitteln. Hierbei erfolgt die Handlung in drei Etappen – dem sog. Dreierschritt – und daran können sich die schreibenden Kinder orientieren:

1. Ein Detektiv untersucht die Umstände eines Verbrechens: Was ist passiert? Wem ist es passiert? Womit, wann und wo ist es passiert? Wie erfährt der Detektiv davon?
2. Der Detektiv zieht Schlussfolgerungen: Was fällt ihm am Tatort auf? Gibt es Zeugen oder Indizien? Gibt es ein Motiv für das Verbrechen? Welche Täter kommen in Frage? Sind eventuelle Alibis hieb- und stichfest?
3. Der Täter wird entlarvt: Wodurch verrät er sich? Wie wird der Täter beschattet und verfolgt? Welche Falle stellt der Detektiv dem Täter? Wie geht der Täter in die Falle?

Engagement weitergearbeitet wird. So können alle mit ihren unterschiedlichen Ideen, Vorlieben und Vorstellungen den Verlauf bestimmen, die Handlung anreichern, den fulminanten Höhepunkt oder die besondere Pointe am Schluss liefern.

Der Feinschliff

Steht die Erzählung in groben Zügen, ist es häufig noch notwendig, kleine Ergänzungen vorzunehmen. Die Kinder sollten sich fragen:

- Haben die Hauptpersonen einen Namen?
- Wie sehen sie eigentlich aus?
- Fehlen noch Dialoge?
- Kommt der Schluss zu plötzlich?

Unterstützen Sie die AutorInnen dabei, ihrer Geschichte auch in den Details den eventuell noch nötigen Feinschliff zu verpassen.

Ein zündender Titel

Ist die Produktion der Story abgeschlossen, fehlt meistens ein passender Titel. Kinder tun sich in der Regel schwer, eine zündende Überschrift zu finden. Am besten versetzen sie sich in die Rolle der LeserInnen und formulieren aus diesem Blickwinkel heraus Titel, die neugierig machen und zum Lesen verführen. Mit einem kleinen Brainstorming, das Sie anleiten oder an dem Sie sich bei Bedarf beteiligen, geht es meistens leichter. Bedingung für die erste Phase: Alle Ideen werden kommentarlos gesammelt und erst dann gewichtet.

Illustration der Geschichte

Damit aus der Erzählung ein kleines Gesamtkunstwerk wird, fehlen jetzt nur noch die Illustrationen. Je nachdem wieviel Zeit zur Verfügung steht, werden Bilder von den verschiedenen Situationen der Geschichte gezeichnet, gemalt oder Collagen geklebt, Porträts von den Hauptpersonen angefertigt und die Überschrift in eine ansprechende typografische Form gebracht. Zum Schluss unterzeichnen alle beteiligten AutorInnen das Werk.

Präsentation in der Arbeitsgruppe

Alle Teams präsentieren ihr Werk den anderen Kindern in einer kleinen Lesung.

Geschichten aus dem Koffer –
Gegenstände erzählen

Gegenstände warten verborgen in einem Koffer darauf, ihre ganz spezielle Geschichte zu erzählen. Bestücken Sie den Koffer so, wie die Geschichte werden soll: Spielt sie im Alltag der Kinder, unter Erwachsenen, an einem bestimmten Ort oder in einer Kombination aus verschiedenen Elementen?

Beispiel: Märchen aus Alltagsgegenständen

Der Märchenkoffer enthält einen Apfel, einen Lebkuchen, einen goldenen Ring, ein kleines Tellerchen, einen Schuh, eine Krone, Federn, Stroh, Erbsen, Kreide; außerdem noch eine Konservendose, ein Handy, eine Taschenlampe, einen Turnschuh, Tesafilm, Buntstifte, Murmeln ... Sie erklären, ein neues Märchen solle erfunden werden, das sich von den bereits bekannten unterscheiden muss. Verschiedene Gegenstände, die in dem Märchen eine Rolle spielen, sind auf einem geheimnisvollen Weg in diesen Koffer gelangt. Sie sind nun ein wenig ratlos, was sie miteinander anfangen sollen und was sie überhaupt miteinander zu tun haben. Die MitspielerInnen sind deshalb aufgefordert, sich ein Märchen auszudenken, in dem alle Sachen aus dem Koffer ihren Platz haben.

Alle TeilnehmerInnen gruppieren sich um den Koffer. Und nachdem die Reihenfolge festgelegt worden ist, beginnt der erste mit „Es war einmal ...". Er greift mit geschlossenen Augen in den Koffer, nimmt sich einen Gegenstand heraus, betrachtet ihn und beginnt zu erzählen. Jeder darf sich fünf Sätze ausdenken, dann macht der Nächste weiter. Mit vereinten Kräften entstand so z. B. eine Geschichte, die so anfing:

Es war einmal eine Prinzessin, die überhaupt keine Äpfel mehr essen konnte. Sie gab deshalb den Befehl an ihre Untertanen, sämtliche Apfelbäume zu roden und statt dessen Kirschbäume anzupflanzen. Mit Tesafilm ließ sie diese Nachricht überall im Land anbringen, so dass jeder davon Kenntnis hatte. Eines Nachts las ein junger Mann diese Nachricht mit der Taschenlampe an der Stadtmauer und wollte seinen Augen nicht trauen. Er dachte bei sich, dass er dagegen unbedingt etwas unternehmen müsse, zog sich seine Turnschuhe an und machte sich auf den Weg zum Königshof ...

Damit das Märchen nicht vergessen wird, sollten Sie es mit einem Kassettenrekorder aufnehmen oder sich die wichtigsten Stichpunkte notieren.

Material: alter Reisekoffer, verschiedene Gegenstände allgemeiner Art oder nach Themen sortiert, Papier und Stifte, evtl. Aufnahmegerät mit Mikrofon, Malutensilien
Alter: ab 7 Jahren
Teilnehmerzahl: 4 – 10 Kinder
Dauer: je nach Teilnehmerzahl und Durchhaltevermögen ca. $1/2$ – 1 Stunde

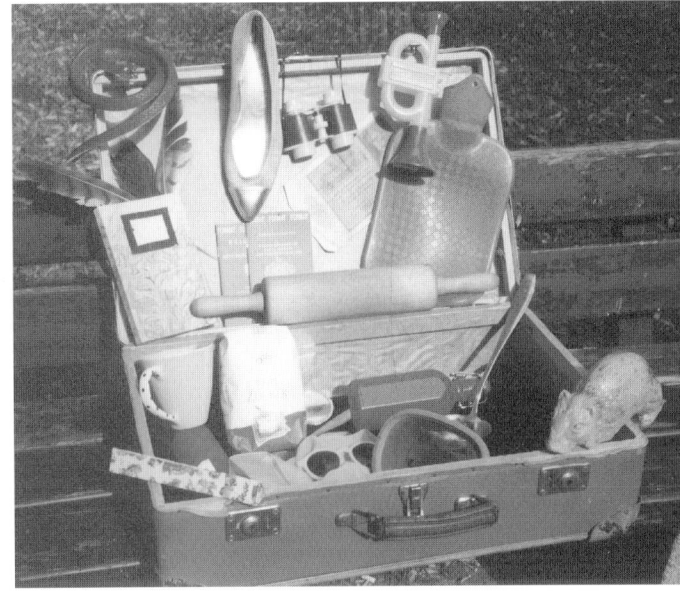

Alles für die Katz –
Geschichten zum Weiterspinnen

Material: Stifte und Papier, evtl. Schreibmaschinen und Computer, Stifte aller Art oder Wasserfarben und Pinsel zum Illustrieren
Alter: ab 7 Jahren
Teilnehmerzahl: 1 – 20 Kinder
Dauer: ca. 1 Stunde

Dass die Freiheit oftmals in der Beschränkung liegt, beweist diese Methode. Die oft mühsame Suche nach einem geeigneten „Grundgerüst" für eine Geschichte entfällt, so dass die Kinder ohne große Vorarbeit ihre ganze Kreativität der Entwicklung und Ausgestaltung einer Erzählung widmen können.

Geben Sie den Kindern eine Ausgangssituation vor, in der Ort und Zeit des Geschehens sowie Aussehen, Eigenschaften und Hobbys der Hauptpersonen kurz skizziert werden. Diese Rahmensituation muss knapp formuliert und sehr konkret sein. Die Hauptpersonen sollten unbedingt Sympathieträger sein, damit sich die Kinder gerne in die Rollen hineinversetzen und aus dieser Perspektive Abenteuer und Episoden erfinden und miterleben. Wichtig: Die geschilderte Ausgangssituation muss für Kinder nachvollziehbar sein, außerdem sollten sich Anknüpfungspunkte an ihren Alltag bieten, wie in den folgenden Eingangssätzen:

Alles für die Katz

Die dicke Katze Cleo wohnt bei Familie Obermeier im Münchner Stadtteil Haidhausen direkt am Max-Weber-Platz. Cleo gehört dem 10-jährigen Sohn Richard, der sie heiß und innig liebt. Richards Vater, Herr Obermeier, besitzt eine Käsefabrik, die in ganz München bekannt ist.

Tagsüber bleibt Cleo in der Wohnung und führt ein faules Katzenleben. Doch sobald es dunkel wird, fällt alle Müdigkeit von ihr ab. Jeden Abend schleicht sie sich aus dem Haus, streift durch die Stadt und erlebt viele aufregende Abenteuer.

Wie jede Katze hat auch Cleo einige Hobbys: Sie fährt für ihr Leben gerne U-Bahn, liest am liebsten Detektivromane, liebt laute Musik und schaut manchmal sogar fern.

Ihre Leib- und Magenspeise ist Sauerkraut, das sie in rauhen Mengen vertilgen kann, und Whiskas mit Lachs. Sie ist nun mal ein Leckermäulchen, wie die meisten Katzen.

Diese Vorgabe erzählen Sie den Kindern als Einstieg oder Sie lesen sie vor. Anschließend tauschen Sie sich mit den Kindern darüber aus, wie sich die Geschichte weiterentwickeln könnte.

Erstaunlich ist, dass ein und dieselbe Rahmenhandlung bei jedem Kind völlig andere Assoziationen auslöst. Während die Hauptperson in der einen Fassung vielleicht in einen Entführungsfall verwickelt wird, erlebt sie in einer anderen Geschichte womöglich eine heitere Seilbahnfahrt im Gebirge.

Die fertigen Geschichten tragen sich die AutorInnen gegenseitig oder vor größerem Publikum vor.

Folgende Geschichten-Ideen zu Cleo enstanden innerhalb eines Projekttages:
- Cleo verliebt sich im Skilager
- Cleo als Punkerin
- Cleo fliegt auf den Mond
- Cleo schlägt den Käsedieben ein Schnippchen
- Die stinkende U-Bahn
- Cleo verkracht sich mit den Katzenfreunden
- Cleo als Nikolaus
- Cleo und der Taschendieb

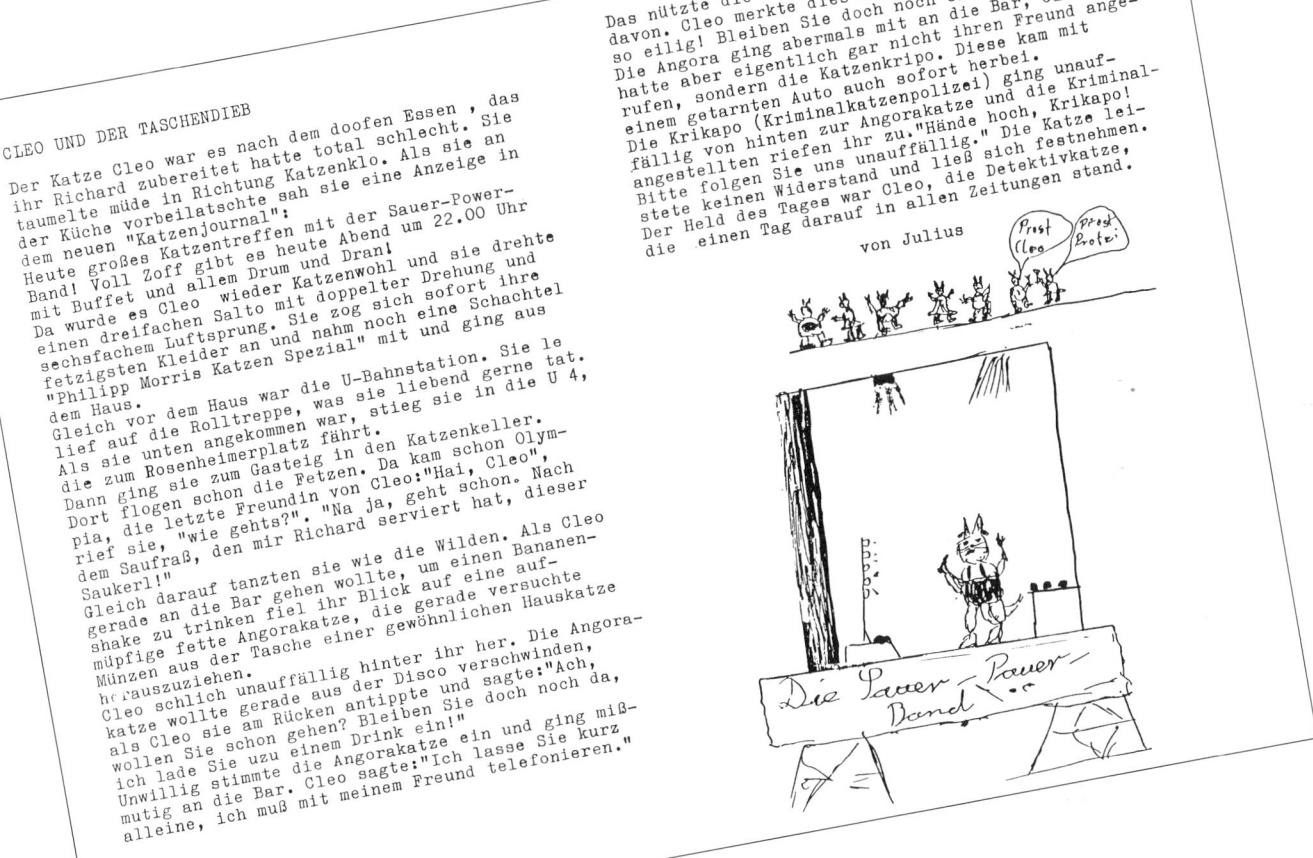

CLEO UND DER TASCHENDIEB

Der Katze Cleo war es nach dem doofen Essen, das ihr Richard zubereitet hatte total schlecht. Sie taumelte müde in Richtung Katzenklo. Als sie an dem neuen "Katzenjournal":
Heute großes Katzentreffen mit der Sauer-Power-Band! Voll Zoff gibt es heute Abend um 22.00 Uhr mit Buffet und allem Drum und Dran!
Da wurde es Cleo wieder Katzenwohl und sie drehte einen dreifachen Salto mit doppelter Drehung und sechsfachem Luftsprung. Sie zog sich sofort ihre fetzigsten Kleider an und nahm noch eine Schachtel "Philipp Morris Katzen Spezial" mit und ging aus dem Haus.
Gleich vor dem Haus war die U-Bahnstation. Sie lief auf die Rolltreppe, was sie liebend gerne tat. Als sie unten angekommen war, stieg sie in die U 4, die zum Rosenheimerplatz fährt.
Dann ging sie zum Gasteig in den Katzenkeller. Dort flogen schon die Fetzen. Da kam schon Olympia, die letzte Freundin von Cleo: "Hai, Cleo", rief sie, "wie gehts?". "Na ja, geht schon, dieser dem Saufraß, den mir Richard serviert hat, dieser Saukerl!"
Gleich darauf tanzten sie wie die Wilden. Als Cleo gerade an die Bar gehen wollte, um einen Bananen-shake zu trinken fiel ihr Blick auf eine aufmüpfige fette Angorakatze, die gerade versuchte Münzen aus der Tasche einer gewöhnlichen Hauskatze herauszuziehen.
Cleo schlich unauffällig hinter ihr her. Die Angora-katze wollte gerade aus der Disco verschwinden, als Cleo sie am Rücken antippte und sagte: "Ach, wollen Sie schon gehen? Bleiben Sie doch noch da, ich lade Sie uzu einem Drink ein!"
Unwillig stimmte die Angorakatze ein und ging miß-mutig an die Bar. Cleo sagte: "Ich lasse Sie kurz alleine, ich muß mit meinem Freund telefonieren."

Das nützte die Angora aus und schlich unauffällig davon. Cleo merkte dies und hielt sie auf: "Nicht so eilig! Bleiben Sie doch noch ein Weilchen!"
Die Angora ging abermals mit an die Bar, Cleo hatte aber eigentlich gar nicht ihren Freund ange-rufen, sondern die Katzenkripo. Diese kam mit einem getarnten Auto auch sofort herbei.
Die Krikapo (Kriminalkatzenpolizei) ging unauf-fällig von hinten zur Angorakatze und die Kriminal-angestellten riefen ihr zu. "Hände hoch, Krikapo! Bitte folgen Sie uns unauffällig." Die Katze lei-stete keinen Widerstand und ließ sich festnehmen. Der Held des Tages war Cleo, die Detektivkatze, die einen Tag darauf in allen Zeitungen stand.

von Julius

21

Die unendliche Geschichte – Fortsetzungsgeschichten

Material: liniertes DIN-A4 Papier, Kartei-karten, Büroklammern, Stifte, evtl. Sanduhr
Alter: ab 7 Jahren
Teilnehmerzahl: 4 – 10 Kinder
Dauer: je nach Teilnehmerzahl ca. 30 Minuten

„Schreib den ersten Satz so, dass der Leser unbedingt auch den zwei-ten lesen will", sagte der amerikanische Schriftsteller William Faulkner. Wir haben das Motto abgewandelt: Schreib den ersten Satz so, dass es Spaß macht weiter zu schreiben!

Jeder der TeilnehmerInnen nimmt Papier und Bleistift zur Hand und lässt sich den Anfang einer Geschichte einfallen. Es kann sich dabei um Begebenheiten aus dem Alltag, den Anfang einer Liebesgeschichte, eines Krimis oder eines Märchens handeln – der Fantasie und dem Einfallsreichtum sind keine Grenzen gesetzt! Weisen Sie die Kinder darauf hin, dass jeder Anfang denkbar ist. Falls eine zündende Idee fehlt, ist es möglich, die Gedanken zu Papier zu bringen, die im Moment im Kopf herum gehen. Es kommt nicht darauf an, eine „Ein-leitung" zu suchen.

Sie sollten aber für den Notfall einige Anfänge vorbereiten: eigene Ideen oder – eventuell abgeänderte – Passagen aus Büchern werden auf Kärtchen geschrieben und, mit dem Text nach unten, ausgelegt. Kinder, denen im Moment gar nichts einfallen will, ziehen eine Karte und übertragen den Text auf ihr Blatt.

Haben alle TeilnehmerInnen ihren Anfangsatz aufgeschrieben, was mit Denkpausen nicht länger als drei Minuten in Anspruch nehmen sollte, wird das Blatt an die jeweils rechten MitspielerInnen weitergegeben.

Achtung, ab jetzt läuft die Zeit! Jeder hat eine Frist von drei Minuten, um die Geschichte fortzuschreiben. Danach wechselt das Blatt weiter wie zuvor. Ist die Seite voll ge-schrieben, wird ein weiteres Blatt mit einer Büroklammer angeheftet.

Als SpielleiterIn achten Sie darauf, dass der vorher ver-einbarte Zeitrahmen eingehalten wird. Ist die Geschichte schon länger geworden, müssen Sie das Zeitkontigent er-höhen, weil die Kinder mehr Zeit zum Lesen brauchen. Eine Sanduhr, für alle Beteiligten gut sichtbar aufgestellt, zeigt an, wann die Zeit um und der nächste an der Rei-he ist. Oder aber Sie geben rechtzeitig bekannt, wann das Blatt weiter wandern soll.

Das Schlusswort der Geschichte sollte möglichst der-jenige schreiben, der sie begonnen hat! Und dieses Kind sollte auch die Geschichte vorlesen!

Unser **A**lphabeth wurde ca. 1200 vor Chris-tus von den Phöniziern entwickelt. Die Phö-nizier waren Handlungsreisende, die an den Küsten des Mittelmeers, in Nordafrika, Süd-spanien, Sizilien, Sardinien, Zypern, Grie-chenland und Italien ihren Geschäften nach-gingen. Um mit ihren Kunden verhandeln zu können, fertigten sie eine Liste mit 22 Zei-chen, alles Konsonanten, an. In diese ein-heitlichen Zeichen übertrugen sie die Spra-chen der Völker, mit denen sie Handel trie-ben. Später wurden von den Griechen die Vokale hinzugefügt, und das „Alphabeth" (alpha = erster Buchstabe im griechischen Alphabet), so wie wir es kennen, war voll-ständig.
(vgl. Jean, Georges: Die Geschichte der Schrift, Ravensburg 1991, S. 60 ff.; Coppin, Brigitte: Vom Griffel zum Computer, Ravens-burg 1992)

Fast wie im richtigen Leben! – Telefonbuchgeschichten

Material: ein altes Telefonbuch, weißes DIN-A4 Papier (evtl. vorher lochen), Stifte aller Art oder Wasserfarben und Pinsel, Schere, Kleber, 2 Buchbindernägel aus Metall oder Plastik oder 2 Musterklammern
Alter: ab 8 Jahren
Teilnehmerzahl: 1 – 20 Kinder
Dauer: ca. 1 – 2 Stunden

Für die einen ist es ein ganz gewöhnlicher Gebrauchsgegenstand, für die anderen ein schier unerschöpflicher Quell an Geschichten: Das Telefonbuch. So kann ein Name daraus der Ausgangspunkt für die „Geschichten, die das Leben schreibt" sein. Dieser Zugang motiviert Kinder, sich in den Alltag einer bestimmten Person hineinzuversetzen und davon ausgehend eine Geschichte zu entwickeln.

Vermitteln Sie den Kindern zum Einstieg, was hinter dem Namen einer Person stecken kann: ein Mensch mit einem ganz bestimmten Aussehen, einer ganz spezifischen Geschichte, speziellen Vorlieben und Interessen.

Nun wählt jedes Kind aus dem Telefonbuch einen Namen aus. Schon bei der Suche stoßen sie meistens auf Amüsantes, unfreiwillig Komisches und Anregendes. Der folgende Fragenkatalog hilft dabei, Alltag und Lebenssituation der betreffenden Person zu erfinden:

- Wo wohnt die Person?
- Lebt sie allein oder hat sie eine Familie?
- Wie alt ist sie?
- Wie sieht sie aus?
- Ist sie tierlieb?
- Welchen Beruf hat sie und wo ist ihr Arbeitsplatz?
- Ist sie zufrieden oder träumt sie davon, ein ganz anderes Leben zu führen?
- Hat sie viel Geld oder ist sie arm?

- Hat sie viele Freunde?
- Wohin fährt sie in Urlaub?

So entstand z. B. die Personenbeschreibung von Herrn Pfefferkorn:

Karl Pfefferkorn ist ein kleiner Postbeamter, der mit Vorliebe Ärmel-schoner trägt und penibel darauf achtet, dass sein Stempelkissen immer am richtigen Platz liegt. Pünktlich um 11.30 Uhr besucht er jeden Tag die Postkantine, wo er immer am selben Tisch sein Essen einnimmt. Vor dem ersten Bissen würzt er das Gericht – und zwar ohne es vorher zu probieren – mit Unmengen von Pfeffer, was bedauerlicherweise zur Folge hat, dass Herr Pfefferkorn immer allein die Mittagspause verbringt ...

Das so entstandene Porträt bildet die Grundlage für die anschließende Geschichte. Die Kinder überlegen sich, einzeln oder in Gruppen, welche außergewöhnlichen Situationen sich im Leben dieses Menschen zuge-tragen haben könnten. Auch dabei helfen Anregungen, wohin sich die Geschichte entwickeln könnte, beispielsweise:
- Herr Pfefferkorn feiert Geburtstag
- Herr Pfefferkorn geht auf Reisen
- Herrn Pfefferkorns unheimliche Begegnung mit einem Außerirdischen
- Herr Pfefferkorn verliebt sich

Bevor die Kinder anfangen zu schreiben, weisen Sie darauf hin, dass alle Seiten im Hochformat verwendet und links ein Rand von 2 bis 3 cm für die Lochung frei gelassen werden soll. Besser ist es, wenn Sie gleich gelochte Blätter verteilen. Nachdem die Kinder die Erzählungen aufge-schrieben haben, bitten Sie sie, Porträts der beschriebenen Personen zu zeichnen.

Aus den gesammelten Porträts und Geschichten wird ein neues Tele-fonbuch hergestellt. Trennen Sie dazu vorsichtig den Umschlag eines alten Telefonbuches vorne und hinten ab. Begradigen Sie den Rand bei Bedarf mit einer Schere. Legen Sie die beiden Umschlagseiten aufein-ander und lochen Sie diese am linken Rand. Damit sich das Buch bes-ser aufschlagen lässt, ist es nötig, die Umschlagvorderseite in ca. 3 cm Abstand vom linken Rand mit einem Falz zu versehen (s. Blockbuch, S. 96). Alle von den Kindern gestalteten DIN-A4-Blätter werden eben-falls gelocht und zwischen die Umschlagseiten gelegt. Zwei Buchbin-dernägel oder Musterklammern halten das Telefonbuch zusammen. Dies ist die einfachste Technik ein Buch zu binden. Auf S. 95 stellen wir Ihnen noch eine andere Buchbinde-Methode vor.

Gänsehaut garantiert – Geräuschegeschichten

Geräusche, Stimmen oder Töne können einer Erzählung nicht nur mehr Nachdruck und Intensität verleihen, sie sind für sich genommen auch Anregungen für Geschichten. Vergegenwärtigen Sie sich folgende Situation: Eine Glocke läutet. Ein Schrei ertönt. Kurz darauf folgen lautes Donnergrollen und ein krachender Blitz. Aus der Ferne sind Stimmen zu hören, die langsam lauter werden. Regen prasselt an ein Fenster. Irgendwo knarrt eine Türe. Ein Käuzchen schreit. Ein geheimnisvolles Flüstern ist zu vernehmen ... Das ist der Stoff, aus dem klassische Grusel-und Schauergeschichten gemacht sind.

Für ihre eigene „Gänsehaut-Story" stellen Sie den Kindern Geräusche zur Verfügung. Besorgen Sie sich eine Geräusche-CD. Oder produzieren Sie an einem Tag vor der Aktion die Laute und Töne selbst und nehmen sie mit dem Kassettenrekorder auf.

Bevor es losgeht, verdunkeln Sie den Raum und stellen einige Kerzen auf – das erzeugt eine geheimnisvolle Atmosphäre. Fragen Sie die Kinder:

- Welche unheimlichen Geschichten kennt ihr?
- Wovor gruselt ihr euch besonders?
- Welches unheimliche Erlebnis hattet ihr selbst schon?

Finden Sie mit den Kindern heraus, worin das Unheimliche und Schaurige besteht: Ist es das nicht Fassbare; das Zusammenspiel von unheimlichen Orten und Geräuschen in Verbindung mit der eigenen Fantasie; oder handelt es sich tatsächlich um Begebenheiten, die nicht zu erklären sind?

Die Kinder entwickeln nun eine Gruselgeschichte, die zu den vorhandenen Geräuschen passt. Damit der Einstieg leichter fällt, werden die ersten Sätze, die die Szenerie und eventuell auftretende Personen darstellen, vorgegeben. Das können einzelne Kinder oder auch Sie als SpielleiterIn übernehmen. Jetzt spielen Sie die verschiedenen Geräusche oder Töne, und zwar pro Kind eines/n. Jeder entwickelt zu den Geräuschen passend und an die vorhergehenden Sätze anknüpfend die Handlung weiter. Dabei sollten Gemütsregungen, Stimmungen und Atmosphären besondere Beachtung geschenkt werden:

- Wie fühlt man sich, wenn man allein zu Hause ist und jemand ans Fenster klopft?
- Wie reagiert der Körper, wenn man Angst hat?
- Welche Gedanken rasen durch den Kopf, wenn man keinen Ausweg mehr weiß?
- Was passiert, wenn im dunklen Keller die Glühbirne durchbrennt und sich langsam Schritte nähern?

Um eine bloße Aneinanderreihung einzelner Aussagen zu vermeiden, sollten Sie die Kinder auf den sog. Spannungsbogen einer Geschichte hinweisen, wobei unerwartete Wendungen der Erzählung zusätzlichen

Material: Kassettenrekorder oder CD-Player zum Abspielen, Geräuschekassette oder -CD, evtl. Aufnahmegerät mit eingebautem oder externem Mikrofon
Alter: ab 6 Jahren
Teilnehmerzahl: 2 – 10
Dauer: je nach Teilnehmerzahl $1/2$ – 1 Stunde

Abdul Kassem Ismael, der Großwesir von Persien im 10. Jahrhundert, trennte sich auf seinen Reisen nur ungern von seiner **B**ibliothek, die aus 117000 Werken bestand. Also ließ er sich die Bücher auf einer Karawane aus vierhundert Kamelen nachtragen, die abgerichtet waren, in alphabetischer Reihenfolge zu wandeln.
(vgl. Manguel, Alberto: Eine Geschichte des Lesens, Berlin 1998, S. 226)

Reiz verleihen. Allen MitspielerInnen steht dabei das gleiche Zeitkontingent zur Verfügung. Besonderes Augenmerk gilt dem Schluss des Schauermärchens: Da Sie die Anzahl der aufgenommenen Geräusche kennen, können Sie rechtzeitig darauf hinweisen, wann das Ende naht und ein Abschluss gefunden werden muss.

Damit die Gruselgeschichte für die Nachwelt erhalten bleibt, kann sie mit einem Kassettenrekorder aufgezeichnet und aufgeschrieben werden. Und noch etwas: Eine Lesung mit Einspielung aller Geräusche und in entsprechendem Ambiente ist sicherlich sehr wirkungsvoll.
Ein interessantes Projekt hat der Hessische Rundfunk initiiert: In „Hörclubs", die an Grundschulen angeboten werden, können die Kinder einmal die Woche unter Anleitung Hörspiele produzieren, Geräusche raten, etwas über Aufnahmetechniken lernen und was es sonst noch gibt, um wieder richtig zuhören zu können. Weitere Informationen im Buch „Zuhören macht Spaß. Die besten Kassetten und CDs, Hörclubs für Kids, Tipps zum Selbermachen." (rororo Nr. 60830)

Am Anfang war das Wort –
Die Veröffentlichung und Präsentation von Kindertexten

Man kann nur darüber spekulieren, wie viele Texte und Aufsätze ein Kind im Laufe seiner Schullaufbahn – freiwillig oder unfreiwillig – verfasst. Zu schade, dass in der Regel nur eine Person in den Genuss kommt, diese Werke zu lesen – die Lehrerin oder der Lehrer.

Sobald man den Kindern in Aussicht stellt, die selbst produzierten Texte einer größeren Öffentlichkeit zu präsentieren, steigt die Motivation für das Schreiben erheblich. Und die Veröffentlichung kann andere Jungen und Mädchen dazu anspornen, es ebenfalls zu versuchen, nach dem Motto: Das kann ich auch, vielleicht sogar besser! Allerdings: Wer den Schritt an die Öffentlichkeit wagt, ist nicht nur dem Lob, sondern auch der Kritik des Publikums ausgesetzt. Die öffentliche Präsentation ist nicht nur Teil und Ausdruck einer eigenen Kinderkultur, sondern geht darüber hinaus: Werden die Ge-

schichten in einem größeren Rahmen vorgestellt, beispielsweise anlässlich eines Schulfestes, erfahren auch Erwachsene, mit welchen Themen, Gedanken und Gefühlen sich Heranwachsende auseinandersetzen.

Es gibt viele unterschiedliche Wege, Kindern ein Forum für ihr schriftstellerisches Schaffen zu eröffnen. Jenseits der Schülerzeitung stehen ihnen im Prinzip dieselben Möglichkeiten zur Verfügung wie Erwachsenen:

- die Autorenlesung,
- die Publikation in Form von Büchern oder kleinen Heftchen,
- die Präsentation der Geschichte als Theaterstück,
- künstlerische Ausdrucksformen, die Sie als Erwachsener wahrscheinlich noch nicht kennen: Lassen Sie sich überraschen!

Auf die Plätze, fertig, lesen! – Autorenlesung

Material: Tisch, Stuhl, Leselampe, Mineralwasser, Glas, evtl. Sitzkissen, Tücher, Teppiche
Alter: ab 8 Jahren
Teilnehmerzahl des Publikums: Bei sehr jungen AutorInnen sollte das Publikum nicht zu groß sein, also max. 20 ZuhörerInnen umfassen.
Dauer: ca. 15 – 45 Minuten

Die selbst erdachte Geschichte einem Publikum vorzutragen, bedeutet eine große Herausforderung für jeden Autor. Dass da vor der Lesung Hektik und Nervosität ausbrechen, ist durchaus verständlich. Die Kinder offenbaren den ZuhörerInnen nicht nur ihre Vorstellungskraft und ihr sprachliches Können, sondern auch eigene Gedanken und Gefühle. Hierzu gehört eine große Portion Mut! Außerdem erinnern sie sich häufig an ähnliche – meist als unangenehm empfundene – Situationen, wie z. B. ein Referat vortragen, ein Lied vorsingen oder ein Gedicht aufsagen. Damit sich diese Erfahrungen bei der Lesung nicht wiederholen, muss eine optimale Vorlesesituation geschaffen werden.

Die Vorlesesituation optimal gestalten

Am wohlsten fühlen sich Kinder, wenn sie an einem Tisch sitzen, auf den sie ihr Manuskript legen können. Der Tisch bietet eine symbolische Abgrenzung zum Publikum, die VorleserInnen können sich darauf abstützen und fühlen sich so schon etwas sicherer. Ein Glas Wasser und eine kleine Leselampe runden die Inszenierung ab. Die Sitzgelegenheiten für die ZuhörerInnen werden um den Vortragenden gruppiert, wobei Sie auf die nötige Distanz achten sollten: Der Abstand muss mindestens so groß sein, dass die unmittelbar gegenüber sitzenden ZuhörerInnen nicht im Manuskript mitlesen können.

Eine lockere Atmosphäre schaffen Sie, wenn Sie die herkömmliche Sitzordnung aufheben und VorleserIn und Publikum auf dem Boden, z. B. Sitzkissen oder Teppichen, platzieren; vielleicht finden Sie auch für diese Situation einen geeigneten Tisch-Ersatz, z. B. eine Platte auf zwei Apfelsinenkisten. Noch heimeliger wird es, wenn Sie mit Tüchern, Decken oder einem Zelt eine Vorlesehöhle improvisieren.

Die NachwuchsautorInnen sollten früh genug da sein, um sich auf ihren Auftritt einstimmen und eventuell das Arrangement nach ihrem Geschmack verändern zu können.

> Die weltweit beliebtesten Comic-Helden sind die „Peanuts." Die Reihe des Amerikaners Charles M. Schulz um Charlie Brown, den Hund Snoopy und ihre Freunde wurde in 75 Ländern, mehr als 2500 Zeitungen und Zeitschriften abgedruckt. Damit gehören die erstmals 1950 veröffentlichten Strips international zu den am meisten gelesenen und verkauften Comics. Seine letzte Geschichte zeichnete Mr. Schulz im Frühjahr 2000, kurz vor seinem Tod.
> (vgl. Bertelsmann Lexikon Verlag: Lexikon der Superlative, München 1999, S. 42)

Den Vortrag vorbereiten

Lassen Sie sich die Geschichte vor der Präsentation vortragen und geben Sie Tipps, wie Betonung und Aussprache verbessert, das Sprechtempo moduliert, Dialekte imitiert oder Kunstpausen eingelegt werden können. Es geht dabei nicht um die Beherrschung perfekter Lesetechnik. Der Vortragende muss sich aber seiner Rolle sicher sein und das Gefühl haben, den Text überzeugend zu Gehör bringen zu können.

So manchen Autor bewegt kurz vor Auftrittsbeginn noch die eine oder andere Frage: Wie werden die Zuhörer reagieren? Woran merke ich, dass ich zu schnell rede? Was mache ich, wenn ich mich verspreche?

Was tun, wenn mir der Text vor den Augen verschwimmt? ... Gehen Sie auf alle Fragen ein und vermitteln Sie, dass es kein Problem ist, wenn mal etwas schief geht. Nobody is perfect! Wichtig ist, dass der Vorleser während des Vortrags nicht ausschließlich auf das Manuskript blickt, sondern immer wieder vom Text aufsieht und Blickkontakt mit dem Publikum aufnimmt!

Die Lesung

Der große Moment steht bevor, die ZuhörerInnen haben Platz genommen. Sie begrüßen die Gäste und schildern kurz, was das Publikum in den nächsten Minuten zu erwarten hat. Stellen Sie die Autorin/den Autor vor und bitten Sie um Aufmerksamkeit für die Lesung. Sobald der/die VorleserIn die Stimme erhebt, kann sich der Text vor den wachen Augen und offenen Ohren des Publikums entfalten – das ist ein ganz besonderes, unmittelbares Erlebnis für die Zuhörerschaft.

Die literarische Landschaft Deutschlands: In der BRD gibt es (Stand 1998) 7.729 Verlage, 2.788 Buchhandlungen, 700.000 lieferbare Titel und jährlich 70.000 Neuerscheinungen. (vgl. JuLit 2/99, S.20)

Die goldene Feder –
Verleihung eines Literaturpreises

Material: Gänsefedern, scharfes Messer, Goldspray, Zeitungen zum Unterlegen, einfache Bleistifte
Alter: ab 8 Jahren
Teilnehmerzahl: 10 – max. 100 Kinder
Dauer: je nach Zahl und Umfang der Geschichten

Einen wichtigen Anreiz für NachwuchsautorInnen stellen die zahlreichen Wettbewerbe und Literaturpreise dar, die meistens wenig Geld, dafür aber Ansehen und Bekanntheit bringen. In diese Kategorie fällt auch die Verleihung der „Goldenen Feder", ein mit Goldspray besprühter Gänsefederkiel.

LITERATURPREIS

Die goldene Feder

verliehen an

Name
_____

Alter
_____

für die Arbeit
_____

_____

_____

Ort, Datum   Unterschrift

Sie bildet einen würdigen Abschluss für eine Schreibwerkstatt, das Literaturprojekt einer Schule oder einer Bibliothek.

Bevor die fachkundige Jury aus der Fülle der eingereichten Geschichten eine Auswahl trifft, gilt es Bewertungskriterien festzulegen, damit die Texte besser miteinander zu vergleichen sind. Dazu gehören:

- Themenbezug,
- sprachliche Ausarbeitung,
- Originalität,
- Alter der Autorin oder des Autors,
- eventuell Literaturgattung, wie z. B. Abenteuergeschichte, Krimi, Märchen, Gedicht, Bildergeschichte, für die jeweils ein Preis ausgelobt wird.

Für die Jury, die sich aus Kindern und Erwachsenen zusammensetzt, bedeutet dies viel Arbeit. Sie muss alles lesen und sich anhand der Kriterien auf ein gemeinsames Votum einigen, das auch begründet werden will. Denn sowohl die AutorInnen als auch das Publikum möchten wissen, warum die Jury so und nicht anders entschieden hat. Bitte achten Sie bei der Zusammenstellung der Jury darauf, dass die jungen JurorInnen mindestens zehn Jahre alt und echte Leseratten sein sollten. Es sollten nicht mehr als 30 bis 40, möglichst kurze Texte sein (ggf. Umfang festlegen, z. B. „maximal 3 Seiten"). Nicht vergessen: Die Jurymitglieder brauchen genügend Zeit zum Lesen und Beurteilen. Für die Jury werden nicht mehr als zwei Kinder / Jugendliche und zwei Erwachsene bestimmt, damit die Gruppe arbeitsfähig bleibt.

Der Preis kann symbolischer Natur sein, aber auch aus einem Sachpreis, z. B. einem Buch, oder einer Kombination aus beidem bestehen. Alle TeilnehmerInnen sollten ein kleines Präsent erhalten. Goldene Bleistifte sind hierzu wunderbar geeignet und drängen, frisch gespitzt, nach neuen schriftstellerischen Taten!

Wie Sie die Preisverleihung gestalten, hängt vom jeweiligen Rahmen, der Zahl der beteiligten Kinder und Ihren Möglichkeiten ab: Sie kann ganz unspektakulär am Ende einer Schulstunde stattfinden, aber auch abends in einem festlichen Rahmen, begleitet von feierlichen Reden, Musik und Buffet. In jedem Fall tragen die ausgezeichneten AutorInnen ihre Geschichten vor (s. Autorenlesung, S. 28)

E Wussten Sie schon, dass Esel nach der Geburt abgeknickte Ohren haben? Sie stellen sich erst später auf. Geknickte Buchseiten heißen deshalb **E**selsohren. Und „Eselsohr" heißt eine informative Monats-Zeitschrift zur Kinder- und Jugendliteratur.
(vgl. medizini 2/99)

Neue Bücher braucht das Land –
Ein Buch wird veröffentlicht

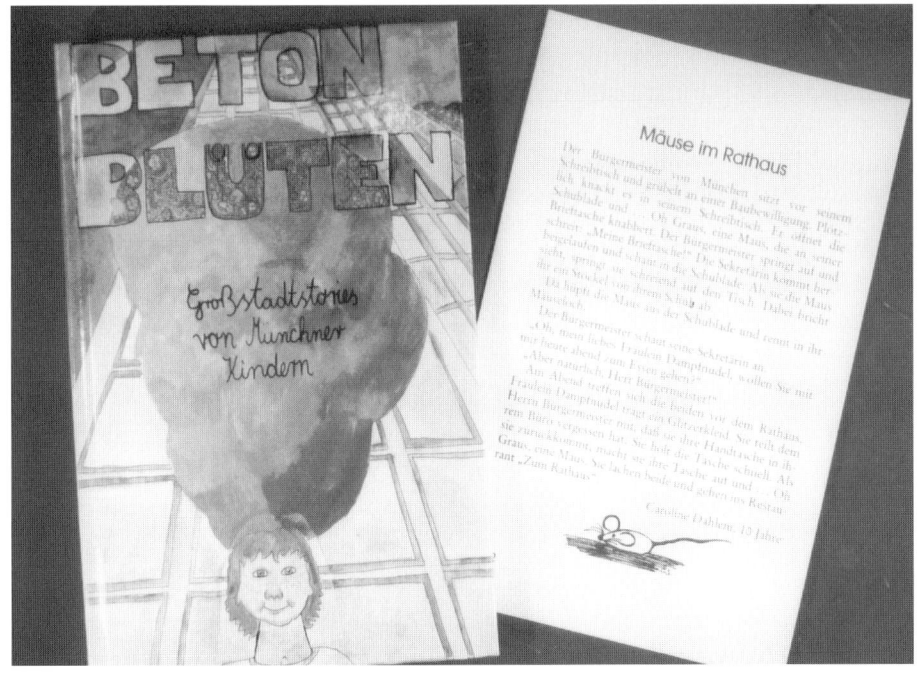

Material: weißes Schreibmaschinen- oder Fotokopierpapier in DIN-A3 oder DIN-A4, dünne schwarze Filzstifte, Bleistifte, Radiergummis, Schreibmaschinen oder Computer, großer Hefter, Heftklammern, Kopierer, Montagekleber / Fixogum (lässt sich wieder vom Papier ablösen)
Alter: ab 7 Jahren
Teilnehmerzahl: 10 – 25 Kinder
Dauer: ca. 4 Stunden ohne Kopieren, Heften und Präsentation

Das eigene Buch ist der Traum aller AutorInnen. Die Aussicht, zumindest einen Beitrag für ein Buch zu verfassen, ist deshalb ein erster wichtiger Schritt zur Verwirklichung dieses Wunsches. Die Veröffentlichung kann aus einem kleinen, fotokopierten Bändchen – das wir hier vorstellen – oder aus einem richtigen gedruckten Buch bestehen.

Ein Buch braucht ein Thema

Stellen Sie ein Thema, bei dem möglichst viele Kinder auf eigene Erfahrungen und Assoziationen zurückgreifen können. Ein zündendes Motto oder ein griffiger Titel fördern den Spaß. Zur Anregung einige Titelvorschläge für Buchproduktionen, die mit Kindern realisiert wurden: „Tierisch gute Tiergeschichten", „Betonblüten – Großstadtstorys", „Hexen, Geister und Vampire", „Geschichten aus der Traumfabrik", „Tatort Stadtteil – Kinderkrimis", „Agenten, Abenteurer, Ausgeflippte", „In 80 Tagen um die Welt – Reisegeschichten", „Ich bin so froh, dass ich ein Mädchen / Junge bin ...", „Herzschmerz – Liebesgeschichten".

Festlegung von Format und Layout

Bevor die Kinder ihre Erzählungen zu Papier bringen, werden folgende Fragen abgeklärt:
- Welches Format soll das fertige Büchlein haben? DIN-A5, DIN-A4?
- Werden die Texte handschriftlich verfasst oder mit der Schreibmaschine getippt? Und dann noch mit Original-Zeichnungen versehen?

In diesem Fall empfiehlt sich das Format DIN-A4.

- Sind die Texte am Computer geschrieben? Dann können sie von Ihnen (oder den Kindern selbst – je nach Alter) noch formal bearbeitet werden – mit Korrekturen, einheitlicher Schrift, Spaltenbreite usw. – und wirken schon recht professionell.

Anschließend händigen Sie das Material aus, z. B. weiße DIN-A4-Blätter und schwarze Faserstifte, die sich gut fotokopieren lassen – und es kann losgehen!

Produktion der Texte

Eine Schreibwerkstatt (s. S. 13ff.) ist der optimale Rahmen, Kinder zur Produktion eigener Geschichten anzuregen und sie dabei zu unterstützen.

Alle Kinder unterzeichnen nach getaner Arbeit ihre Texte namentlich und versehen sie mit Altersangaben. Fragen Sie die Mädchen und Jungen, ob sie einige Zeilen über sich selbst schreiben möchten – ihre Hobbys, Ansichten zu bestimmten Themen und Lieblingslektüre.

In mehreren voneinander unabhängigen Studien erscheinen die skandinavischen Länder, und ganz besonders **F**innland, geradezu als Paradiese der Lesekultur. Eine finnische Leseforscherin vermutet, „dass finnische Kinder deshalb so gut lesen können, weil ausländische Filme in Finnland und den anderen skandinavischen Ländern nicht synchronisiert, sondern mit Untertiteln versehen werden. Folglich ist es erforderlich, schnell und fließend lesen zu können." Eine solche Begründung gibt es auch für Dänemark. (vgl. Stiftung Lesen (Hg.): Lesen im internationalen Vergleich, Teil II, S. 136 und S. 100.)

Illustrationen

Illustrationen sollen das Buch auflockern und die LeserInnen neugierig auf die Texte machen. Inhalt und Umfang der Bilder bestimmen die Kinder selbst. Vorgegeben ist jedoch die Zeichentechnik mit einem schwarzen Filzstift oder Fineliner: Bleistiftzeichnungen oder farbige Illustrationen lassen sich nämlich nur schlecht fotokopieren – es sei denn, Sie entschließen sich für (sehr viel teurere) Farbkopien.

Gibt es unter Ihren jungen AutorInnen ein besonderes zeichnerisches Talent? – Das darf dann das Titelblatt gestalten. Oder alle machen Entwürfe, aus denen dann der interessanteste ausgewählt wird.

Buchgestaltung

Liegen alle Geschichten und Illustrationen vor, kann die Herstellung beginnen. Nach der Ermittlung des Seitenumfangs fertigen Sie sich zunächst ein Musterbuch, einen sog. Dummy, an: Liegen die Texte beispielsweise im DIN-A4-Hochformat vor, falten Sie dazu mehrere querformatige DIN-A3-Bögen einmal in der Mitte. Auf der Vorder- und Rückseite eines Bogens ist Platz für vier DIN-A4-Blätter. Die Zahl der zu faltenden DIN-A3-Bögen hängt vom errechneten Seitenumfang ab. Wichtig ist, dass die Seitenzahl durch vier teilbar ist. (Füllen die Kindertexte z. B. 20 Seiten, benötigen Sie insgesamt 5 DIN-A3-Bögen.) Dazu kommt ein weiteres DIN-A3-Blatt für Cover und Rückseite des Bändchens. Denken Sie auch daran Platz für das Inhaltsverzeichnis und ein Vorwort einzuplanen.

Ein DIN-A3-Blatt ergibt auf die Hälfte gefaltet DIN-A4, ein DIN-A4-Blatt hat nach der Faltung die Maße DIN-A5 usw.

DIN-Formate	
DIN-A0	841 x 1189 mm
DIN-A1	594 x 841 mm
DIN-A2	420 x 594 mm
DIN-A3	297 x 420 mm
DIN-A4	210 x 297 mm
DIN-A5	148 x 210 mm
DIN-A6	105 x 148 mm
DIN-A7	74 x 105 mm

Legen Sie nun die Reihenfolge der Geschichten im Buch fest. Achten Sie dabei darauf, dass die Erzählungen inhaltlich zusammenpassen und das Verhältnis von Text und Bild ausgewogen ist. Beziffern Sie Ihr Musterbuch zunächst mit den Seitenzahlen, ordnen Sie dann den Seiten die Geschichten zu und vermerken Sie dazu stichpunktartig die Titel der Erzählungen auf den leeren Seiten des Buches. Planen Sie zunächst für jede Geschichte einen neuen Seitenanfang. Es ist ein seltener Glücksfall, wenn dies auf Anhieb klappt. In der Regel fehlen Seiten oder es bleiben Seiten übrig. Jetzt ist Ihr Improvisationstalent gefragt! Sie können sich behelfen, indem Sie die Texte, Überschriften und Illustrationen am Kopierer verkleinern oder vergrößern, je nachdem, ob in Ihrem Buch Platzmangel herrscht oder überzählige Seiten das Problem sind. Sie können aber auch die Geschichten „anhängen" – also nicht auf einer neuen Seite beginnen lassen – oder zusätzliche Illustrationen oder Leerseiten für eigene Geschichten und persönliche Notizen aufnehmen, um den Umfang zu strecken.

Steht das Konzept endgültig fest, kleben Sie die Texte und Bilder in das Musterbuch ein. Komplettieren Sie das Werk durch ein Inhaltsverzeichnis und ein Vorwort. Hier können Sie den LeserInnen einen ersten Vorgeschmack auf das Buch geben und über den Entstehungsprozess informieren.

Wird das Buch ganz oder teilweise am Computer gestaltet, unterscheidet sich das Verfahren nicht wesentlich, nur brauchen Sie dann kein Papier, keinen Stift und Kleber.

Vervielfältigung der Texte

Die Vervielfältigung am Kopierer ist Fleißarbeit, insbesondere, wenn die Auflage sehr hoch ist. Sie ist auch etwas mühsam, denn sie soll ja beidseitig geschehen, damit ein „richtiges" Buch daraus wird. (Vorsicht: Erst üben, damit nicht die falschen Seiten zusammen kommen!) Wem die Förderung junger LiteratInnen wirklich am Herzen liegt, der nimmt diese Anstrengung gerne in Kauf.

Beim letzen Arbeitsschritt können wieder alle helfen: Die beidseitig kopierten Seiten werden in der richtigen Reihenfolge zusammen gelegt und schließlich mit einem langen Hefter in der Mitte zusammengeklammert, damit sie nicht auseinander fallen.

Sie können versuchen einen Copyshop, einen Verlag oder eine Druckerei zu finden, die Kopier- oder Druckkosten für das geplante Buch übernehmen. Bieten Sie im Gegenzug den Abdruck einer Anzeige an. Aber achten Sie darauf, dass alle wesentlichen Entscheidungen wie Inhalt, Titel und Umschlaggestaltung bei Ihnen bleiben.

Das Buch ist fertig und wird präsentiert

Es ist für alle Beteiligten ein großes Erfolgserlebnis, wenn sie „ihr" Buch zum ersten Mal in Händen halten. Aufgeregt wird es durchgeblättert, bis der eigene Text schließlich auftaucht und – nach der ersten Begutachtung – zur ganzen Zufriedenheit ausfällt.

Zur feierlichen Präsentation laden Sie Eltern und Freunde ein. Halten Sie eine Eröffnungsansprache und reichen Sie ein kleines Buffet, das die Eltern vorbereitet haben. Und vor oder nach dem Essen geben die Kinder dann einige Kostproben.

Das Buch erhält noch mehr öffentliche Beachtung, wenn Sie zur Präsentation die örtliche Presse, einen interessierten Kinderbuchautor oder die Kulturreferentin einladen. Eine gute Gelegenheit sich gegenseitig kennenzulernen und auszutauschen!

Buchvertrieb

Das Buch sollte – wenn auch nur zu einem symbolischen Preis – verkauft werden. (Ausgenommen sind davon natürlich die AutorInnen, die mindestens ein sog. Belegexemplar umsonst erhalten.) Werden die Werke verschenkt, sind sie auch nichts wert ...

Das Spiel mit Licht und Schatten – Schattentheater

Material: Kleine, spitze Scheren, schwarzes, nicht zu dünnes Tonpapier, Transparentpapier, Overheadprojektor, Overheadfolien und Folienstifte (wasserlöslich), transparente Glasmalfarbe, Pinsel, Schaschlikspieße, dünne Rundhölzer 3–5 mm Durchmesser, Klebeband, weißes Leintuch, zwei Kartenständer (Diaprojektorleinwand oder Sonnenschirmständer), dunkles Tuch, Schnur, Bleistifte, großes Plakat, Stifte, verdunkelbarer Raum, Kassettenrekorder, Kassetten mit passender Musik
Alter: ab 6 Jahren
Teilnehmerzahl: 3 – 10 Kinder
Dauer: je nach Umfang der Geschichte und der Inszenierung

Setzen AutorInnen ihren selbst geschriebenen Text theatralisch in Szene, dann schaffen sie ein Gesamtkunstwerk. Dazu können sie die Geschichten mit dem eigenen Körper, mit Puppen oder aber im Schattenspiel darstellen. Das Schattentheater, das wir stellvertretend für alle anderen Theaterformen näher vorstellen, bietet einen großen Vorteil: Es ermöglicht effektvolle Inszenierungen mit einem relativ geringen Aufwand. Auch irreale Inhalte wie Träume, Geistergeschichten, Sciencefiction und fantastische Geschichten lassen sich gut darstellen. Sogar der Start einer Rakete ist im Schattentheater keine besondere Herausforderung: Der Umriss wird aus schwarzem Tonpapier ausgeschnitten, mit einem Schaschlikstäbchen versehen und vor der Schattenwand bewegt. Eine Wunderkerze bildet den glühenden Schweif des Flugkörpers.

Für eine einfache Aufführung mit klassischen Schattenfiguren aus Tonpapier braucht man kein besonderes schauspielerisches Talent. Und wer sich nicht auf einer Bühne exponieren mag, der findet hier eine wirkungsvolle Ausdrucksmöglichkeit. Neben der gemeinsamen Entwicklung des Stückes spielt das Anfertigen der Figuren und der Kulissen eine wesentliche Rolle – auch hier haben zurückhaltendere Kinder eine gute Möglichkeit ihre Vorstellungen einzubringen.

Bühnenform, Figurenführung und Bühnenbild

Für die Schattenwand nehmen Sie ein weißes Leintuch und spannen es zwischen zwei Kartenständern auf. Stellen Sie in einiger Entfernung dahinter einen Overheadprojektor als Lichtquelle auf. Spannen Sie am unteren Teil ein schwarzes Tuch quer über die Breite des weißen. So können die AkteurInnen auf dem Boden stehen oder knien und die

Figuren direkt hinter der Leinwand über ihrem Kopf bewegen ohne selber gesehen zu werden (s. Zeichnung). Das Licht kommt von hinten aus dem Bühnenraum und beleuchtet die Spielfläche. Der Overheadprojektor, den Sie am besten auf einem Tisch platzieren, dient nicht nur als Lichtquelle für die Projektion der Schattentheaterfiguren. Bemalte Overheadfolien, die Sie auf den Projektor legen und auf die Leinwand projizieren, geben ein stimmungsvolles Bühnenbild.

Die ZuschauerInnen sind durch die Leinwand von den SpielerInnen getrennt und sitzen ihnen gegenüber.

Die Geschichte wird dramatisiert

Wenn aus einer Geschichte ein Theaterstück werden soll, muss sie verändert werden, da die Bühne ganz anderen dramaturgischen Regeln unterliegt als eine Erzählung. Zunächst überprüfen Sie mit den Kindern, ob sich der Text überhaupt in Szene setzen lässt:

- Gibt es Aktionen, die spielbar sind?
- Möglichkeiten zum Dialog?
- Welche Rollen und spannenden Situationen tauchen auf?
- Welche szenischen Umsetzungen kommen in Frage?

Gaunerzinken: Das Gemeinschaftsgefühl unter Bettlern, Landfahrern und Zigeunern findet einen sichtbaren Ausdruck in der geheimen Verständigung mit Symbolen. Alle Gefahren, Sicherheiten, Vor- und Nachteile werden durch Bekritzeln von Mauern, Zäunen, Toren, Häusern und Hauseingängen dargestellt. Ehrensache ist nur zuverlässige Informationen weiterzugeben, keinen Kumpel zu täuschen, sondern ggf. zu warnen.

Entwerfen Sie gemeinsam mit den Kindern einen groben Ablaufplan, den Sie am besten auf einem großen Plakat, sichtbar für alle, skizzieren: Filtern Sie dazu im Gespräch die wichtigsten Situationen aus der Geschichte heraus. Und teilen Sie das Stück in Szenen auf. Eine Szene beginnt, wenn der Schauplatz wechselt, neue Personen auftauchen oder Figuren den Spielort verlassen. Weiterhin müssen Sie mit den Kindern entscheiden, welche Personen im Stück auftreten sollen. Das hängt davon ab, wie viele SpielerInnen die Führung der Figuren übernehmen.

Bei der Umarbeitung muss die Textvorgabe nicht werkgetreu übernommen werden, die einzelnen Szenen können vom Text der Erzählung abweichen. Das haben Sie und die Kinder sicher schon bei Weihnachtsmärchen oder Filmen erlebt, die auf Buchvorlagen beruhen. Wichtig ist, dass das Stück mit den Mitteln, Voraussetzungen und Personen, die für eine Aufführung zur Verfügung stehen, zu bewerkstelligen ist und darauf zugeschnitten wird. Steht nur wenig Vorbereitungszeit zur Verfügung, sollte man das Stück auf zwei bis drei Spielszenen begrenzen.

Der Erzähler

In den meisten Fällen ist es sinnvoll eine/n ErzählerIn ins Spiel zu bringen, der/die sich direkt an das Publikum wendet, die einzelnen Szenen des Stückes durch überleitende Texte miteinander verbindet und die ZuschauerInnen über all das, was man auf der Bühne nicht sieht, informiert, z. B.:

- Wann und wo spielt das Stück?
- Was passiert zwischen den einzelnen Szenen?

Die Rolle des Erzählers sollte von einem Erwachsenen übernommen werden, der in der Lage ist zu improvisieren, wenn auf der Bühne etwas schief läuft oder wichtige Informationen im Stück vergessen wurden. Vermeiden Sie es aber, lang und ausführlich darüber zu berichten, was in der nächsten Szene alles zu sehen ist: Das ist nicht Sache des Erzählers, sondern des Schattenspiels! Reizvoll ist es, wenn auch der Erzähler in eine Rolle schlüpft. Wird z. B. eine Abenteuergeschichte gezeigt, könnte eine Piratin oder ein Matrose durch das Stück führen ...

Rollenverteilung, Figurenbau und Figurenführung

Sobald Sie die Reihenfolge der Szenen und die Personenanzahl festgelegt haben, geht es an die Verteilung der Rollen. Kinder, die keine Rolle übernommen haben, widmen sich den Kulissen.

Die Figuren werden mit Bleistift auf schwarzes Tonpapier aufgezeichnet und ausgeschnitten. Dann versieht man sie mit einem Haltestab (z. B. Schaschlikstäbchen oder dünnes Rundholz), der auf der Rückseite der Figur mit Klebeband befestigt wird.

Am einfachsten herzustellen sind Figuren ohne bewegliche Teile, die aus einem einzigen Stück Tonpapier bestehen. Figuren mit beweglichen Extremitäten haben im Spiel zwar größere Ausdrucksmöglichkeiten, setzen allerdings mehr Geschick und Erfahrung im Figurenbau und der Figurenführung voraus – und sind deshalb für den Anfang nicht geeignet. Wichtig sind drei Dinge:

1. Die Figuren brauchen charakteristische Körperformen, übertriebene Proportionen oder auffällige Attribute wie z. B. eine markante Nase, einen auffälligen Hut, einen dicken Bauch, große Füße.
2. Alle Figuren innerhalb eines Stückes sollten etwa gleich groß sein, es sei denn ein Riese trifft auf einen Zwerg ...
3. Die Figuren dürfen sich nicht zu sehr ähneln.

Das **H**ornbuch war zwischen dem 16. und 19. Jahrhundert normalerweise das erste Buch, das ein Schüler in die Hand bekam. Nur wenige sind noch erhalten. Das Hornbuch bestand aus einem dünnen Holzbrett, in der Regel aus Eiche, das ungefähr 24 Zoll hoch und fünf bis sechs Zoll breit war. Darauf wurde das Blatt befestigt, auf dem das Alphabet und manchmal die Ziffern von 1 bis 9 sowie das Vaterunser gedruckt waren. Das Brett besaß einen Handgriff und das Buch wurde mit einer durchsichtigen Hornplatte vor Schmutz geschützt.
(vgl. Manguel, Alberto: Eine Geschichte des Lesens, Berlin 1998, S. 166)

Die Kulissen

Jetzt fehlt nur noch das Bühnenbild. Auf Overheadfolien malen die Kinder die Kulissen für die einzelnen Szenen: Landschaften, Situationen, Interieurs ... Sie können dazu entweder wasserlösliche Folienstifte oder Glasmalfarbe benutzen. Sind die Farben getrocknet, werden die Folien auf den Projektor gelegt, der ein leuchtendes Bühnenbild auf die Leinwand wirft.

Musik und Geräusche

Eine wichtige Rolle beim Gelingen des Stückes spielen die passenden Geräusche und die richtige Musik. Zunächst sammeln alle gemeinsam Ideen, welches Geräusch und welcher Song für welche Szene passt. Ein

Tonmeister kümmert sich dann darum, dass die Kassette mit den Tönen bespielt wird. Der Kassettenrekorder sollte auf jeden Fall ein Zählwerk haben, um den Einsatz der einzelnen Stücke exakt abzupassen. Bei den Proben und den Aufführungen dient ein detailliert ausgearbeiteter Zeitplan zur Orientierung.

Proben des Stückes

Besprechen Sie mit den SpielerInnen, was in den einzelnen Szenen wichtig ist und wie dies mit den Schattenfiguren umgesetzt werden kann. Der Text sollte auf keinen Fall Wort für Wort aufgeschrieben werden! Die Kinder merken sich den Handlungsstrang und ihren Einsatz sprechen sie dann mit eigenen Worten. Das ist viel überzeugender als ein auswendig gelernter Text.

Lassen Sie die Kinder einige Minuten mit den Händen und den Schattenfiguren vor der beleuchteten Leinwand experimentieren und die Wirkung ausprobieren, bevor die eigentlichen Proben beginnen. Das weckt die Neugier, beflügelt die Spiellust und ermöglicht anschließend konzentriertes Arbeiten. Am Anfang ist es nicht ganz einfach, die Figur hinter der Leinwand zu führen und gleichzeitig dazu zu sprechen. Mit ein wenig Übung klappt das bei den meisten Kindern nach kurzer Zeit. Wichtig ist, dass die Kinder den Ausdruck und die Wirkung ihrer Figur mit einer charakteristischen Stimme unterstreichen und nicht vergessen die Figur zu bewegen, wenn sie spricht – nur so wirkt sie lebendig. Häufig agieren die Kinder viel zu schnell und unruhig mit den Figuren, so dass die ZuschauerInnen die Handlung nicht mehr verstehen und ermüden. Eine ruhige, langsame Figurenführung transportiert den Inhalt sehr viel klarer. Proben Sie eine Szene so lange, bis die Kinder sicher sind, und gehen Sie dann zur nächsten Szene.

Die Aufführung

Bei der Generalprobe wird das Stück einmal komplett durchgespielt. Achten Sie auf Folgendes:
- Klappt der Szenenwechsel?
- Sind die SpielerInnen gut zu hören?
- Werden die Figuren richtig geführt?
- Stimmen die Einsätze für die musikalische Untermalung?

Dann ist es endlich so weit: Das Publikum wird zusammen getrommelt, Lampenfieber macht sich bemerkbar, das Saallicht geht aus und der/die ErzählerIn kündigt das Stück an ... Alle SpielerInnen geben ihr Bestes, bis der Applaus ertönt. Vergessen Sie am Ende nicht, die im Verborgenen agierenden SchauspielerInnen dem Publikum vorzustellen.

Voll im Bild – Bilderbuch-Kino

Mit dem Bilderbuch-Kino werden Geschichten besonders effektvoll präsentiert. Der künstlerische Aspekt steht hier gleichrangig neben dem literarischen. Nachdem die NachwuchsautorInnen in der Schreibwerkstatt (s. S. 13ff.) eine eigene Geschichte geschrieben haben, sollen sie ihre Geschichte illustrieren, allerdings nicht – wie gewohnt – auf Papier, sondern auf leeren Glasdiarähmchen. Mit Folienstiften malen sie einzelne Situationen und Personen auf die Gläser. Das ist wegen des kleinen Formats nicht ganz einfach. Verwenden sie wasserlösliche Folienstifte, können kleine Fehler schnell korrigiert werden.

Projizieren Sie die ersten fertig gestalteten Dias probeweise an eine weiße Wand oder eine Leinwand. Die Kinder werden überrascht sein und die Illustration ihres literarischen Werkes mit Begeisterung fortsetzen. Auch der Titel der Geschichte und die Namen der AutorInnen werden auf einem oder mehreren Dias festgehalten.

Sobald die Farbe getrocknet ist, ordnen Sie die Dias in der richtigen Reihenfolge in das Magazin ein. Zur Vorführung wird der Raum abgedunkelt, der Sprecher, der die Texte liest, braucht eine kleine Leselampe. Für das richtige Timing von Text und Bild sollten sich schon während der Proben VorleserIn und VorführerIn genau absprechen, am besten vereinbaren sie feste Stichworte.

Falls die Geschichte dafür geeignet ist, kann sie von mehreren Kindern vorgetragen werden, die in Rollen schlüpfen und Dialoge sprechen. Auch das muss natürlich vorher geübt werden.

Diese Methode ist auch für größere Gruppen geeignet: Die Kinoatmosphäre erzeugt bei den Kindern ein hohes Maß an Aufmerksamkeit und Konzentration für die Geschichten ihrer Kolleginnen und Kollegen.

Material: leere Diaglasrahmen, Folienstifte (wasserlöslich), Diaprojektor, Tisch zum Aufstellen des Projektors, Diamagazin, weiße Wand oder Leinwand, verdunkelbarer Raum, Leselampe

Alter: ab 6 Jahren

Teilnehmerzahl: 1 – 20 Kinder

Dauer: ca. 1 – 2 Stunden je nach Anzahl der Kinder und Anzahl der Dias

Variante

Im Bilderbuch-Kino können Sie nicht nur Werke hoffnungsvoller NachwuchsautorInnen, sondern auch klassische Bilderbücher zeigen:

- Diareihen zu Bilderbüchern gibt es als Medienpaket (Dias und Buch) in verschiedenen Verlagen. Sie können sie kaufen oder in Bibliotheken ausleihen.
- Wenn Sie die Buchillustrationen mit Diafilm abfotografieren, können Sie ein eigenes Bilderbuch-Kino zusammenstellen. Dafür brauchen Sie neben einer guten Kamera ein Stativ oder einen Reprotisch sowie eine gute Ausleuchtung beim Fotografieren.
- Farbkopien auf Folie, die Sie mittels eines Overheadprojektors präsentieren, stellen eine weitere Möglichkeit für ein Bilderbuch-Kino dar.

Inseln erfreuen sich gerade in der Kinder- und Jugendliteratur großer Beliebtheit: Zehn bekannte Kinder- und Jugendbücher, die auf einer Insel spielen: Michael Ende „Jim Knopf und Lukas der Lokomotivführer" (Lummerland); Astrid Lindgren „Pippi Langstrumpf in der Südsee" (Kurrekurredutt); Daniel Defoe „Robinson Crusoe" (unbenannt); Jules Verne „Zwei Jahre Ferien" (einsame Insel vor Feuerland); Jonathan Swift „Gullivers Reisen" (Lilliput); James Barrie „Peter Pan: Neverland"; Astrid Lindgren „Mio, mein Mio" (Insel der grünen Wiesen); Karl May „Die Juweleninsel" (Juweleninsel); Robert Louis Stevenson „Die Schatzinsel" (unbenannt); Jules Verne „Die geheimnisvolle Insel" (unbenannte Pazifikinsel) (vgl. Lexikon der populären Listen, Walter Krämer / Michael Schmidt, München 1999, S. 100)

Geschichten im Glas – Schneekugeln

Material: Leere Gläser mit Schraubverschluss, verschiedenfarbiges Plastilin, Wasser, Glitter, Schnur oder dünnes Geschenkband, Papier, Locher, Spülmittel
Alter: ab 6 Jahren
Teilnehmerzahl: 1 – 20 Kinder
Dauer: 1 – 2 Stunden

Sie kennen doch sicher Schneekugeln? Das sind diese halbkugelförmigen Gläser mit einem interessanten Innenleben. Schüttelt man sie, dann schneit es. Schneekugeln sind leicht herzustellen und hervorragend dazu geeignet, einzelne Situationen einer selbstverfassten Geschichte zu illustrieren.

Überlegen Sie mit den Kindern zunächst, in wie viele Szenen Sie die ausgewählte Erzählung aufteilen möchten. Am besten geeignet sind charakteristische Handlungsorte oder Situationen. Wieviele Gläser pro Geschichte gestaltet werden, hängt von der Geschichte und der Fantasie der Kinder ab. Die Teile, die in jeweils einer Schneekugel präsentiert werden, sollten sehr einfach sein. Passen Sie die Szenen der Größe der Gläser an.

Die Kinder formen die Figuren und Objekte aus Plastilin. Am einfachsten geht das, wenn sie den Schraubdeckel auf der Innenseite bis zum Rand mit Plastilin füllen. Nun können sie ihre Objekte darauf so anbringen, dass sie in das Glas hineinpassen. Alle Teile sollten sehr gut miteinander verbunden und verstrichen sein, damit sie sich beim späteren Schütteln des Glases nicht ablösen. Kompakte Objekte und Figuren eignen sich besser als filigrane Formen.

In das Glas kommt nun gerade so viel Wasser hinein, dass es nicht randvoll ist. So bleibt eine kleine Luftblase. Ein Spritzer Spülmittel und ein wenig Glitter, den die Mädchen und Jungen nun ins Wasser hineingeben, erzeugen den gewünschten Effekt: Der „Schnee" kann sachte schweben. Jetzt das Glas mit dem Schraubdeckel fest verschließen. Das im Deckel angebrachte Plastilin sorgt dafür, dass das Glas gut abgedichtet ist und kein Wasser entweicht.

Bevor Sie die Gläser zur Präsentation in einem Regal oder auf Tischen arrangieren, sollten Sie die NachwuchsautorInnen auffordern ihre Geschichte in „Schönschrift" oder mit der Schreibmaschine oder dem Computer abzuschreiben. Gibt es pro Geschichte mehrere Gläser, müssen die einzelnen Teile auf entsprechend viele Seiten verteilt werden. Lochen Sie die einzelnen Blätter in einer Ecke und binden Sie sie mit einer dünnen Schnur oder einem hübschen Bändchen an den entsprechenden Gläsern fest.

Alle BesucherInnen der ungewöhnlichen Ausstellung sind jetzt eingeladen, die Geschichten Szene für Szene zu begutachten und mitzuerleben. Vielleicht lassen sie sich sogar zu einer eigenen Geschichte und der Gestaltung eines Glases inspirieren.

In Szene gesetzt – Geschichten-Guckkästen

Fantasiewelten, Märchenszenarios oder Abenteuerlandschaften – mit ein wenig Einfallsreichtum und Geschick gestalten Kinder aus gewöhnlichen Kartons Objekte, die etwas zu erzählen haben!

Im Inneren des Schuhkartons präsentiert sich die Szene einer Geschichte. Vorab müssen die Mädchen und Jungen planen, wie sie den jeweiligen Schauplatz gestalten, damit sich die Geschichte darin entfalten kann:

- Was soll dargestellt werden?
- Welche Personen und Gegenstände kommen vor?
- Was soll im Vordergrund stehen?
- Wie sieht der Hintergrund aus?

Bevor es an die Ausgestaltung des Innenraumes geht, arbeiten die Kinder den Karton zu einem Guckkasten um. Dazu zeichnen sie auf eine der schmalen Seiten des Kartons mit dem Lineal einen ca. 4 cm breiten Sehschlitz auf und schneiden ihn aus. Hierdurch kann man in den Guckkasten schauen. Kleinere Kinder brauchen dabei Ihre Hilfe! Ebenso werden in den Deckel des Kartons Öffnungen geschnitten, in die Licht einfällt.

Die folgende Geschichte könnte als Einstieg dienen:

7.30 Uhr an einer Bushaltestelle in einer Großstadt. Der Bus ist gerade abgefahren, schon sammeln sich erneut Leute, die auf den nächsten Bus warten, darunter auch einige Kinder, die in die Schule müssen. Nicht nur, dass sie den Bus versäumt haben und nun wahrscheinlich zu spät zum Unterricht kommen, zu allem Überfluss gießt es auch noch in Strömen ...

Die Kinder setzen diese Szene plastisch um. Neben der Großstadtkulisse – Häuser, Bäume und Geschäfte werden innen auf die Wände des Kartons gemalt – können einige Häuser auch dreidimensional gestaltet werden. Dazu die Gebäude auf Papier oder Pappe aufzeichnen (zusätzlichen Streifen zum Umknicken und Festkleben lassen!), bemalen, ausschneiden und im Hintergrund der Schachtel so anordnen und festkleben, dass ein räumlicher Eindruck entsteht. Darunter kann sich z. B. auch ein Kaufhaus mit einer Uhr auf der Frontseite befinden: Dort ist es 7.30 Uhr.

Auf den Boden des Kartons werden Straße und Gehsteig gemalt. Die Bushaltestelle befindet sich im Vordergrund. Die wartenden Personen werden aus Papier und Pappe ausgeschnitten oder aus Pfeifenputzern geformt. Wer mag, kann die Drahtmännchen noch mit Stoffresten einkleiden. An den rechten Rand sollte das Ende eines abfahrenden Busses gemalt werden.

Für den Deckel zeichnen die Kinder Regenwolken auf Pappe und schneiden sie aus. Dünnen Faden oder Nylonschnur durch ein Loch in

Material: Schuhkartons mit Deckel, Wasserfarben, Pinsel, Kleber, Papier, weiß und bunt, dünne Pappe, spitze Scheren, Buntstifte, Filzstifte, farbiges Transparentpapier, Stoffreste, durchsichtige Folie, Pfeifenputzer, Nylonschnur oder dünner Faden, Naturmaterialien, z. B. Moos, kleine Äste, Laub, Sand, Steine
Alter: ab 6 Jahren
Teilnehmerzahl: 1 – 20 Kinder
Dauer: ca. 1 1/2 – 2 1/2 Stunden

der Pappe und durch die Öffnungen im Deckel ziehen – schon wirkt es so, als ob die Wolken über den Häusern schwebten. Das verleiht der Szene eine zusätzliche Dimension.

Besonders schöne Effekte erzielen Sie durch farbiges Transparentpapier, das die Kinder von innen auf die Öffnungen des Deckels kleben. Der Außenfassade des Kartons dürfen die Kinder mit Farbe und Pinsel oder mit einem Überzug aus buntem Papier oder Stoff zu Leibe rücken.

Tipp: Viele Schuhgeschäfte sind gerne bereit Schuhkartons abzugeben!

Klipp & Klar – Kinder- und Jugendzeitung

Material: Schreib-maschinen, Computer, Büroausstattung (Stifte, Scheren, Papier etc.) Layout- Materialien (Montagekleber, Grafik-vorlagen, schwarze Stifte in verschiedenen Stärken), Plakatpapier, Presseausweise, Repor-teraufträge, Kassetten-rekorder, Mikrofone und Fotoapparate
Alter: ab 7 Jahren
Teilnehmerzahl: 5 – 25 Kinder
Dauer: hängt von der Projektform, dem Anlass und der Er-scheinungsweise ab

Die Publikation einer eigenen Zeitung bietet Kindern und Jugendlichen ein Forum für das, was sie bewegt. Mehr noch, eine Zeitung regt die LeserInnen und MacherInnen zur Auseinandersetzung mit dem Dar-gestellten an.

Einstieg in die Welt des (selbst) geschriebenen Wortes

Die unterschiedlichen Sparten und Rubriken einer Zeitung sind für Kin-der ein breites Experimentierfeld. Hier können sie verschiedene Schreibstile erproben. Wie kaum eine andere Publikationsform ist die Zeitung daher auch für Kinder sehr unterschiedlichen Alters geeignet. Denn sie bietet unendliche Möglichkeiten:

Umfragen, Nachrichten, Interviews, Reportagen, Berichte, spezielle Beiträge zu Themen-Schwerpunkten, Kommentare, Kolumnen, Sport-berichte, Klatschspalten, Kino-und Theaterkritiken, Buchrezensionen, Spiele-Tipps und -Tests, Comics, Veranstaltungshinweise, Gedichte, Por-träts, In- und Out-Listen, Musik-Tipps und -kritiken, Kleinanzeigen, Gesucht-Gefunden, Tipps und Termine, Aufrufe an die LeserInnen, Inserate, Horoskope, Vermischtes, Karikaturen, Kurzmeldungen, Witze, Rätsel, Freizeittipps ...

Da fällt jedem etwas ein. Außerdem braucht eine Zeitung auch noch IllustratorInnen und TextgestalterInnen. Diese Vielfältigkeit erleichtert auch denen einen Zugang, die ansonsten eher ungern literarisch tätig sind.

Der zusätzliche Reiz einer Zeitung ist – neben der Veröffentlichung – das Abenteuerliche am Recherchieren und Schreiben: Wer ist nicht gerne als rasende/r ReporterInnen unterwegs?

Inhaltliche Ausrichtung und Leserkreis

Zunächst sollten verschiedene Voraussetzungen geklärt sein:

- Anlass: einmalig (z. B. Jubiläum, Aktionstag), täglich auf einer Projektwoche oder als längerfristiges Produkt, z. B. Schülerzeitung?
- Erscheinungsweise: einmalig oder periodisch oder in regelmäßigen Abständen?
- Ziele: pädagogisches Projekt, das Kindern Lust am Schreiben vermittelt? Oder Forum für bestimmte Themen und Inhalte aus Kinderperspektive, das ein Stück Kinderöffentlichkeit herstellt?
- Adressaten: hauptsächlich für Kinder (einer bestimmten Altersgruppe / Kinder und Jugendliche verschiedener Altersstufen) oder auch für Erwachsene?
- Themen: Offen, immer wiederkehrend, speziell für einen bestimmten Leserkreis?

Format und Aussehen der Zeitung

Legen Sie gemeinsam mit den Kindern Folgendes fest:

- Format: DIN-A4, DIN-A5 oder eine andere Größe?
- Erscheinungsbild: Werden alle Beiträge mit dem Computer oder der Schreibmaschine erfasst? Können auch handschriftliche Berichte abgedruckt werden? Wird die Seite in Spalten unterteilt? Gibt es unterschiedliche Schriftgrößen? Illustrationen?
- Druck: Verarbeitung in gehefteter Form oder – wie bei Tageszeitungen – als ineinander gelegte Blätter oder als Wandzeitung?
- Korrektur: Werden die Texte korrigiert? Von wem?
- Auflage: Sie hängt, neben dem finanziellen Rahmen, auch von der Anzahl der potenziellen LeserInnen und den Vertriebsmöglichkeiten ab.
- Finanzen: Welchen Spielraum gibt es? Müssen zusätzliche Einnahmequellen, wie z. B. Anzeigenwerbung und Erlöse durch den Verkauf, aufgetan werden? Lassen Sie sich von verschiedenen Copy-Shops oder Druckereien beraten und holen Sie Kostenvoranschläge ein.

Liebeskummer-Post und Briefe aus aller Welt, adressiert an: Miss Julia Capulet, Italy oder Mademoiselle Julie Capulet, Italie, wurden 27 Jahre lang von Ettore Solimani, dem selbst ernannten „segretario di Giuletta" beantwortet. Als Museumswärter und Hüter des Grabes der berühmten „Julia" in Verona, weltbekannt aus dem gleichnamigen Liebesdrama „Romeo und Julia" von William Shakespeare, galt sein Herz besonders den Liebenden oder den an der Liebe Leidenden. Für seine Verdienste um das wohl berühmteste Liebespaar der Welt wurde ihm das Adelsprädikat „Cavaliere" verliehen.
(vgl. Grieser, Dietmar: Schauplätze der Literatur, Frankfurt am Main und Leipzig 1996, S. 94 ff.)

Die Redaktionssitzung

Wichtigstes Thema der ersten Sitzung ist: Wie soll die Zeitung heißen und was sind ihre Themen. Dabei ist es unerheblich, ob es sich um eine Tages-, Wochen-, Monats- oder Halbjahreszeitung handelt. In den folgenden Sitzungen diskutieren Sie mögliche Themenstellungen oder Artikel und legen gemeinsam fest, aus welchen Beiträgen sich die Zeitung zusammensetzt. Die Treffen verschaffen Ihnen und den Kindern einen Überblick, was von wem bearbeitet wird. Sie geben auch Aufschluss darüber, welche Arbeiten noch zu erledigen sind. Wer noch keine kon-

krete Vorstellung hat, worüber er schreiben könnte, tut sich vielleicht mit anderen zu einem Team zusamen: Gemeinsam macht die Arbeit mehr Spaß!

Legen Sie den Kinder verschiedene Zeitungen und Zeitschriften als Anschauungsmaterial vor.

Halten Sie das Ergebnis der Redaktionssitzung auf einem Plakat in Stichpunkten fest: Wer macht was? Diese Liste dient – gut sichtbar aufgehängt – als Erinnerungsstütze für alle.

Sind die Artikel fertig, berufen Sie eine Abschlusskonferenz ein. Hier werden die Texte einer, im positiven Sinn, kritischen Betrachtung durch Sie und den Rest der Redaktion unterzogen. Wenn nötig, werden die Artikel von den AutorInnen nochmals überarbeitet. Die jungen KollegInnen des Zeitungsteams können am besten beurteilen, ob ein Beitrag verständlich ist, wichtige Fakten fehlen, die Überschriften langweilig oder irreführend sind. Selbstverständlich sollte auch mit Lob und Anerkennung nicht gespart werden! Dass unter den einzelnen Artikeln die Namen der VerfasserInnen stehen, versteht sich von selbst.

Reportageauftrag und Presseausweis

Der Reportageauftrag ist klar formuliert und sieht z.B. so aus:

- Umfrage – „Was sind deine Lieblingsbücher?" – „Befrage mindestens 20 Kinder."
- Interview mit der Schuldirektorin – Das sind die wichtigten Fragen: „ ..."

Stellen Sie einen Presseausweis für alle Kinder aus. Darin sollte der Name der Zeitung und derjenige des Mitarbeiters stehen. Solch ein Zertifikat erhöht das Selbstbewusstsein der jungen RedakteurInnen sehr; es vermittelt ein Identifikationsgefühl und motiviert zum Arbeiten. Zudem erleichtert ein Presseausweis Recherchen oder Umfragen vor Ort: Der Presse gibt schließlich jeder gerne Auskunft!

Journalistisches Rüstzeug

Jedes Mitglied der Redaktion und alle freien MitarbeiterInnen erhalten als Handzettel die sechs großen W's

---

Die sechs großen W's:
1. Wer (hat was getan, erlebt, erlitten)?
2. Was (hat er/sie getan)?
3. Wann (hat er/sie es getan)?
4. Wo (hat er/sie es getan)?
5. Wie (hat er/sie es getan)?
6. Warum (hat er/sie es getan)?

Ein Zeitungsbericht muss, ebenso wie jede gute Erzählung, auf diese sechs Fragen antworten. Das ist unabhängig davon, ob die Mitteilung lang oder kurz ist, ein wahres Ereignis beschreibt oder eine persönliche Ansicht kundtut.

Erläutern Sie die verschiedenen journalistischen Stilformen:
Nach dem Muster der sechs Ws informiert die *Nachricht* ihre LeserInnen in einer eher knappen, aber klaren Form.
Eine ausführlichere Nachricht stellt der *Bericht* dar, hier werden Hintergründe, nähere Einzelheiten oder weitere Informationen angegeben.
Ein wesentlicher Bestandteil einer Zeitung ist die *Reportage*: Neben den Antworten auf die W-Fragen beschreibt der Verfasser hier seine Eindrücke, also was er erlebt, gesehen und gehört hat.
Ein *Kommentar* gibt die persönliche Meinung des Schreibers zu einem bestimmten Sachverhalt oder einem Thema wieder und sollte als solcher erkennbar sein: Auch wenn es noch so in den Fingern juckt, endlich einmal zu sagen, was man denkt, gilt auch hier: Es braucht einen Anlass, ein Thema und Tatsachen als Grundlage für den Kommentar.

REPORTAGEAUFTRAG ▼ ☐

für: ....

Auftrag: ....

....

....

....

....

Zeit: .... Ort: ....

REPORTAGEAUFTRAG ▼ ☐

für: ....

Auftrag: ....

....

....

....

....

Zeit: .... Ort: ....

Datumsstempel:	Name der Zeitung:
	PRESSE
Name:	Vorname:

Datumsstempel:	Name der Zeitung:
	PRESSE
Name:	Vorname:

Bei *Umfragen* müssen die Fragen, entsprechend dem gewünschten Ergebnis, klar formuliert sein: Ja / Nein / Ich weiß nicht-Antworten oder aber Antworten, die eine konkrete Aussage erfordern. Um interessante und aussagekräftige Ergebnisse zu erzielen, sollten die „ForscherInnen" auf Anzahl und Auswahl der Befragten achten. Und die Personengruppe muss klar definiert sein, also Kinder oder Jungen oder Mädchen oder Erwachsene, oder spezifische Ansprechpartner wie etwa SchülerInnen, BibliotheksbesucherInnen, Fahrgäste ... Auch bei Umfragen ist ein Kassettenrekorder sehr hilfreich!

Bei *Buch-, Musik-, oder Filmkritiken*, ebenso bei der *Rezension* von Spielen aller Art, geht es nicht nur um die persönliche Meinung des Kritikers, sondern auch um allgemeine Kriterien: Name oder Titel des Gegenstands, AutorIn oder RegisseurIn, Inhaltsangabe, Höhepunkte oder besondere Spannungselemente, inhaltliche Schwerpunkte und Aussagen, Gestaltung und Ausführung, spezielle Merkmale, Vergleich zu früheren Werken oder Vorgängern ...

Besonders spannend und beliebt bei Kindern ist das *Interview*: Das ist eine großartige Gelegenheit, mit interessanten Menschen in Kontakt zu treten, sie zu bestimmten Themen oder zur Person zu befragen.

Damit das Interview den gewünschten Erfolg hat, bedarf es einiger Vorarbeiten, die Sie mit übernehmen sollten:

- Informationen über die betreffende Person oder Sache sammeln;
- Fragen vorher überlegen und aufschreiben;
- Darauf achten, dass das Gespräch nicht zu lang und damit womöglich langweilig wird.

Interviews zu führen erfordert eine Menge Fingerspitzengefühl. Denn es kann passieren, dass sich das Gespräch in eine ganz andere Richtung entwickelt. Das ist möglicherweise spannend und für die LeserInnen aufschlussreich. Ist jedoch die Abweichung vom eigentlichen Thema zu groß, sollte der Interviewer sanft eingreifen.

Damit alles im „O-Ton" (Original) dokumentiert ist, wird das Gespräch mit einem Kassettenrekorder aufgenommen. Bei der Abschrift sollen FragestellerIn und Befragte, Frage und Antwort klar gekennzeichnet sein, z. B. durch Kursiv- oder Fettschrift. Wahrscheinlich muss das Gespräch noch mit Ihrer Hilfe gekürzt werden.

Illustrationen

Für die Bebilderung kommen Schwarz-weiß-Zeichnungen in Frage, die von den Kindern selbst angefertigt werden. Auch selbst gemachte oder fremde Fotos, Postkarten, Ausschnitte aus Zeitungen oder Zeitschriften kommen als Illustrationselemente in Frage. Zum Fotokopieren eignen sich solche Vorlagen besser, die gute Kontraste haben. Nicht vergessen: Wenn die Bilder nicht für sich sprechen, sind Bildunterschriften nötig. Selbst gemachte Illustrationen werden mit einer Signatur versehen und bei fremden Vorlagen wird dazu geschrieben, woher sie stammen.

Titelblattgestaltung

Jede Zeitung ringt um die Aufmerksamkeit ihrer LeserInnen. Deshalb enthält die Titelseite fast immer einen unverwechselbaren Namens-Schriftzug (wegen des Wiedererkennungswertes besonders wichtig bei öfter erscheinenden Ausgaben) und eine auffällige Illustration, die Neugier weckt. Finden sich in der Redaktion keine ZeichnerInnen, können Sie zur Gestaltung des Titelblatts auf Grafikvorlagen, sei es aus Computerprogrammen oder aus Büchern, zurückgreifen. Das Layout, d. h. wie die Bilder und Texte angeordnet sind, sollten Sie vorher festlegen.

Je nach der Art der Zeitung steht auch ein komplettes Inhaltsverzeichnis auf der Titelseite. Oder Sie arbeiten mit Schlagzeilen, die Themen der gesamten Ausgabe griffig formulieren. Auf dem Titelblatt steht, was die Zeitung kostet, bei häufiger erscheinenden Ausgaben auch die Heft-Nummer.

Impressum

Alle, die an der Zeitung mitgearbeitet haben, werden im Impressum namentlich – eventuell mit Aufgabe – aufgeführt. Hier stehen auch Auflage, Erscheinungsort und -datum sowie der oder die Herausgeber, gekennzeichnet mit (V.i.S.d.P.), d. h. „Verantwortliche im Sinne des Pressegesetzes".

Redaktionsschluss

Um das rechtzeitige Erscheinen zu garantieren, vereinbaren Sie verbindliche Abgabetermine für alle Beiträge. Planen Sie den Zeitraum von Redaktionsschluss, Zusammenstellung, Layout, Vervielfältigung bis zum Erscheinen realistisch ein. Sind mehrere Ausgaben anvisiert, können die zu spät eingereichten Artikel im nächsten Heft erscheinen.

Musterzeitung

Jetzt müssen alle Texte und Zeichnungen zusammengestellt und auf die zur Verfügung stehenden Seiten verteilt werden. Um einen Überblick zu bekommen, fertigen Sie eine Musterzeitung an. Auf den leeren Seiten, die in Anzahl und Format mit dem Endprodukt identisch sind, treffen Sie eine erste Festlegung, wo welche Artikel und Bilder platziert werden. So behalten Sie den Überblick und können noch Korrekturen anbringen: Sind es zu viele oder zu wenige Beiträge? Müssen Seiten hinzugefügt oder eingespart werden?

Layout

Nun geht es an die Feinarbeit auf den einzelnen Seiten. Denn der beste Artikel nützt nichts, wenn er nicht gut aufgemacht ist. Schöne Überschriften, gezeichnet oder am Computer erstellt, Bilder und Grafiken lockern auf und fesseln die Aufmerksamkeit der LeserInnen. Text und Bild müssen zusammenpassen. Das Bild kann am Anfang oder am Ende eines Textes stehen oder vom Text umflossen werden. Nichts schreckt den Leser mehr ab als Bleiwüsten: Versuchen Sie für jeden Text Illustrationen oder grafische Elemente zu finden. Ist dies nicht möglich, legen Sie besonderes Augenmerk auf die gesamte Gestaltung einer Seite, d. h. einem langen Text mit wenig oder gar keinem Bild sollte ein Artikel mit viel Bildmaterial folgen. Arbeiten Sie mit Kästen und Umrandungen. Auch die Kopfzeile am oberen Seitenrand strukturiert die Seite. Werden Artikel auf einer anderen Seite fortgesetzt, sollte am Ende des ersten Abschnitts stehen: „Bitte auf Seite ... weiterlesen". Jede Seite sollte in sich stimmig sein und mit der gegenüberliegenden Seite harmonieren.

Die wichtigsten Prinzipien sind: Übersichtlichkeit und Abwechslungsreichtum.

Inhaltsverzeichnis

Haben Sie alle Artikel untergebracht und die Seitennummerierung vorgenommen, kommt zum Schluss das Inhaltsverzeichnis. Für dieses haben Sie – hoffentlich – bereits auf einer der ersten drei Seiten (oder auch der Rückseite) einen Platz reserviert.

Verteilung und Vertrieb

Zeitung machen ist ein hartes Geschäft. Nach der Fertigstellung will die Zeitung verteilt und unter die Leute gebracht werden! Aus JournalistInnen werden ZeitungsverkäuferInnen. Ein kleiner Unkostenbeitrag, der für die Zeitung erhoben wird, erhöht den Stellenwert bei Machern und Lesern. Vielleicht sind Geschäfte, Buchhandlungen oder Bibliotheken bereit, einige Exemplare in Kommission zu nehmen.

Variante: Die Wandzeitung

Auch die Wandzeitung hat ihre Vorteile: Sie ist preiswerter und präsentiert die Artikel und Beiträge der Kinder sofort. Ihr Ausstellungscharakter dokumentiert überdies die fortlaufende Tätigkeit der Redaktion und die Inhalte, die bearbeitet werden. Die Wandzeitung eignet sich gut als Meinungsforum: Die LeserInnen können ihre Ansichten und Kommentare zu einzelnen Themen, Beiträgen oder zur Zeitung allgemein, direkt vor Ort niederschreiben. So entsteht ein lebendiger Austausch zwischen der Redaktion und dem Lesepublikum.

Sie können sich auch für eine Mischung entscheiden: Aus der Wandzeitung entsteht nach einer gewissen Zeit, z. B. gegen Ende einer Aktion oder eines Projektes, eine richtige Zeitung.

Die erste **L**itfaßsäule wurde 1855 in Berlin von dem Drucker Ernst Litfaß und dem Zirkusdirektor Ernst Jakob Renz aufgestellt. Der Druckereibesitzer und Verleger Litfaß saß mit seinem Freund Renz (dem Begründer des ersten deutschen Großzirkus') zusammen, der ein Zirkusplakat bei ihm in Auftrag gegeben hatte. Im Verlauf des Gesprächs äußerte Renz den Wunsch nach einer neuen Art der Präsentation von Informationen und Werbung im Gegensatz zu den wildwüchsigen Anschlägen an Wänden, Bäumen, Straßenecken oder Mauern. Ernst Litfaß dachte über die Notwendigkeit eines ordentlichen Plakatierens nach und meldete sich kurz darauf beim Berliner Polzeidirektor, der ebenfalls Interesse zeigte. Bald kam ein Vertrag zustande, der dem Verleger, der fortan im Berliner Volksmund „Der Säulenheilige" genannt wurde, die Urheberschaft für die Litfaßsäulen bescheinigte.
(vgl. Rössing, Roger: Wie der Hering zu Bismarcks Namen kam, o. O u. J., S. 19 – 21; Meyers großes Taschenlexikon 1992, Bd 13, S. 167)

Wer steckt denn hinter Kinderbüchern? – Kinder erforschen die lokale Kinderbuchszene

Material: Papier, Stifte, Fotoapparat, Film, Kassettenrekorder mit eingebautem oder (besser) externem Mikrofon, evtl. Schreibmaschine oder Computer. Das Material für die Präsentation der Ergebnisse hängt davon ab, ob Sie sich für eine Broschüre oder eine Ausstellung entscheiden und ergibt sich aus der nachfolgenden Beschreibung.

Alter: ab 8 Jahren

Teilnehmerzahl: 3 – 10 Kinder pro Besuch, in Ausnahmefällen ganze Schulklassen, das hängt von der Absprache mit den AutorInnen ab

Dauer: abhängig davon, für welchen Zeitraum das Projekt geplant ist

Was sind das eigentlich für Leute, die Kinderbücher machen? Handelt es sich bei dieser Spezies um besonders kinderliebe Personen? Trauen sie es sich nicht zu, Bücher für Erwachsene zu produzieren? Oder macht es ihnen einfach mehr Spaß, für ein junges Publikum zu schreiben und zu verlegen? Fragen über Fragen, über die nur spekuliert werden kann. Denn viel zu selten kommen SchriftstellerInnen, IllustratorInnen und VerlegerInnen in Kontakt mit ihren LeserInnen – den Kindern. Das ist schade, denn von einem intensiven Austausch würden alle Beteiligten profitieren.

Vor diesem Hintergrund entstand die Idee, Kindern und Jugendlichen einen Blick hinter die Kulissen der regionalen Buchszene zu ermöglichen und damit das Interesse an Kinderbüchern und am literarischen Leben einer Stadt zu wecken: Kinder besuchen „KinderbuchmacherInnen" zu Hause oder an ihrer Wirkungsstätte und erhalten im unmittelbaren und sehr persönlichen Kontakt ungewöhnliche Einblicke in Leben und Wirken.

Nicht die öffentliche und inszenierte Situation ist hierbei gefragt, sondern die private Atmosphäre, in der Informationen über Hobbys, Vorlieben, Privatleben und Werk der Literaturschaffenden in Erfahrung gebracht werden. Oder hätten Sie z. B. gewusst, dass Ellis Kaut ihren

eigenen Kosenamen an den übermütigen Klabautermann Pumuckl abtrat?

Die jungen LiteraturforscherInnen dokumentieren ihre Besuche in Form von Interviews, Personenporträts, Fotos und Zeichnungen für eine kleine Ausstellung. Oder Sie geben eine Broschüre über die örtliche Buchszene heraus, damit auch andere Interessierte von den gewonnenen Eindrücken erfahren.

Einladung an die lokale Kinderbuchszene

Recherchieren Sie, welche Personen und Einrichtungen für das Projekt in Frage kommen. Einschlägige Informationen bekommen Sie in Bibliotheken oder Kulturämtern, beim Friedrich-Boedecker-Kreis oder beim Arbeitskreis für Jugendliteratur (Adressen s. Anhang, S. 121). Es lohnt sich, bei der örtlichen Presse oder in Buchhandlungen nachzufragen, da erfahrungsgemäß keine Listen vorliegen. Vielleicht hat auch ein Autor, eine Illustratorin eine Idee, an wen Sie sich noch wenden könnten.

Informieren Sie die literarischen Persönlichkeiten der Kinderbuchszene in einem Brief über die geplante Veranstaltung. Hier ein Entwurf für eine solche Einladung:

Sehr geehrte(r)...................................,
stellen Sie sich einmal folgende Situation vor:
Es klingelt an Ihrer Haustür, Sie öffnen und fünf forsche Nachwuchsdetektive, die Sie aus nahezu jedem Kinderbuch bestens kennen, möchten von Ihnen wissen, wie es um den Alltag einer Kinderbuchproduzentin oder eines Kinderbuchproduzenten bestellt ist. Wie reagieren Sie?
a) Kurz entschlossen schlagen Sie die Tür zu, stornieren sämtliche Zeitschriftenabonnements und entfliehen für die nächsten fünf Wochen in den sonnigen Süden.
b) Sie blicken der Situation gefasst ins Auge, bitten ihre jungen Gäste in die gute Stube und geben bei einer Runde Kakao und Keksen ein paar interessante Begebenheiten aus Ihrem bewegten Leben zum Besten.
In der Hoffnung, dass Sie eher zu Typ b tendieren, möchten wir Sie für die nächsten fünf Minuten um Ihre Aufmerksamkeit für ein literarisches Pro-

jekt bitten, in dessen Mittelpunkt die ProduzentInnen von Kinderliteratur stehen, auf deren Unterstützung und Mitwirkung wir bei dieser Aktion in besonderem Maße angewiesen sind.

Die erste und wichtigste Hürde auf dem Weg zur Verwirklichung der Aktion ist genommen, wenn die Antwortbriefe der KinderbuchmacherInnen eintreffen. Denn das heißt, dass sie damit einverstanden sind, in ihrer Wohnung, ihrem Atelier oder Verlag Kinder zu empfangen. Jetzt kann es losgehen!

Organisation und Vorbereitung der Besuche

Wie viele Mädchen und Jungen an der gesamten Aktion teilnehmen, hängt nicht nur von der Anzahl der Besuche ab, sondern auch von Ihrem Zeitkontingent. Unter Umständen können Sie KooperationspartnerInnen für dieses Projekt begeistern. Hier bieten sich Freizeiteinrichtungen, Schulen und Bibliotheken an. Denn die Organisation und Vorbereitung der Besuche sowie die Präsentation einer Ausstellung oder Broschüre sind ziemlich aufwendig. So wäre es vermutlich eine Erleichterung für Sie, die Arbeit auf mehrere Schultern zu verteilen. Selbstverständlich können Sie auch auf einen größeren Rahmen verzichten und einzelne Besuche selbst organisieren.

Vereinbaren Sie nun Termine für die geplanten Besuche.

Vorbereitungsgespräch

Damit die Gespräche interessant verlaufen und es gelingt neue und spannende Informationen zu bekommen, sollten Sie die Besuche gut und gründlich planen. Laden Sie die Kinder ein bis zwei Wochen vorher zu einer Vorbereitungsrunde ein, bei der Sie besprechen, wie das Treffen abläuft. Sorgen Sie dafür, dass Bücher der Autorin, des Illustrators oder der Verlegerin, bei denen ein Besuch abgestattet wird, vorliegen. Lesen Sie daraus vor oder zeigen Sie die Bilder. So können sich die Kinder vorab informieren und auf das bevorstehende Gespräch einstimmen.

Fragen Sie die Kinder, was sie über die betreffende Person wissen, ob sie deren Veröffentlichungen kennen und woran sie speziell interessiert sind. Erstellen Sie auf diesem Wege einen Fragenkatalog, der sich auf die Person, das Werk, Hobbys, Vorlieben sowie Zukunftspläne bezieht. Die Fragen der Kinder könnten z. B. so lauten:

M

Chicago: Ein stellvertretender Schulleiter einer High School in Summit (US-Staat Illinois) hat einen **M**ehlwurm gegessen, um seine Schüler zu belohnen. Der Lehrer hatte im September versprochen, er esse ein Insekt, wenn seine Schüler bis zum Ende des Jahres 4000 Bücher und Artikel läsen. 450 der 1500 Schüler nahmen die Herausforderung an und lasen alles, was ihnen in die Finger kam – von Zeitschriftenartikeln über John Grisham-Romane bis hin zu Chemiebüchern.
(vgl. Welt am Sonntag, 8. 1. 1995, in: forum lesen 25 / 1995, S. 14)

56

Zur Person:
- Sind Sie verheiratet?
- Haben Sie Kinder?
- Wo und wann sind Sie geboren?
- Seit wann wohnen Sie hier?
- Waren Sie ein guter Schüler? Könnten Sie uns vielleicht ein Zeugnis zeigen?
- Was ist Ihr Lieblingsessen?
- Hören Sie gerne Musik?
- Was sind Ihre Hobbys?
- Haben Sie als Kind gern gelesen?
- Was lesen Sie derzeit am liebsten?

Zum Schreiben:
- Warum sind Sie SchriftstellerIn / IllustratorIn / VerlegerIn geworden? Ist das Ihr Traumberuf?
- Was ist Ihr eigentlicher Beruf?
- Von wem sind Sie entdeckt worden?

Zu den Werken:
- Wann haben Sie Ihr erstes Buch veröffentlicht?
- Wie bekommen Sie die Ideen für Ihre Bücher? Sind Ihre Bücher wahre Geschichten, haben Sie sie selbst erlebt?
- Wie machen Sie das, wenn Sie ein Buch schreiben? Schreiben Sie immer nur ein paar Stunden am Tag oder geht das in einem Stück?
- Kann man vom Bücherschreiben leben?
- Was wünschen Sie sich außer Leseerfolg? ...

Sind alle Fragen notiert, geht es an die Rollenverteilung: Wer führt das Interview? Wer nimmt das Gespräch mit dem Kassettenrekorder auf? Wer macht Fotos vom Autor und vom Arbeitsplatz? Wer fertigt Zeichnungen an? Achten Sie darauf, dass alle jungen ForscherInnen Aufgaben erhalten. Um zu vermeiden, dass es im entscheidenden Augenblick technische Schwierigkeiten gibt, sollten Sie die Mädchen und Jungen vorab mit den Geräten vertraut machen. Regen Sie die Kinder zur Lektüre des ein oder anderen Buches an, um für den Tag des Besuches gewappnet zu sein.

Der Besuch

Während der gemeinsamen Anfahrt bitten Sie die Kinder, nicht allzu neugierig in der Wohnung (oder im Verlag, falls Sie die Autorin oder den Illustrator dort treffen) herumzustöbern, sondern darauf zu warten, bis ihnen etwas gezeigt wird. Der Besuch soll schließlich kein Überfall sein! Besprechen Sie noch einmal, wer wofür zuständig ist und beruhigen Sie die Kinder, die in solchen Situationen manchmal nervös werden. Jetzt kann eigentlich nichts mehr schief gehen!

Nachbereitungstreffen

Zum Nachbereitungstreffen bringen die Kinder Fotos, die abgetippten Interviews, Bilder und Aufzeichnungen mit. Diskutieren Sie gemeinsam, ob das vorhandene Material ausreicht, um sich ein Bild von der jeweiligen Person und ihrem Werk zu machen. Vielleicht brauchen Sie noch zusätzliche Informationen, Fotokopien von Titelbildern oder Zeichnungen ...

Veröffentlichung und Präsentation der Ergebnisse

Die Zusammenstellung des Materials für die Veröffentlichung ist größtenteils von Ihnen zu leisten – es sei denn, es sind einige ältere Jugendliche an der Aktion beteiligt, die sich für diesen Teil der Arbeit interessieren. Wie soll die Veröffentlichung aussehen? Eine Ausstellung ist schneller arrangiert und unaufwendiger als die Produktion einer kompletten Broschüre (vgl.: Veröffentlichung eines Buches, S. 27ff.).

Für eine Ausstellung benötigen Sie ein Trägersystem, auf dem Sie die Bilder und Texte anbringen können. Die einfachste Lösung sind Pinnwände oder Bilderrahmen. Auch größere Tonpapierbögen, an der Wand befestigt, kommen dafür in Frage. Wichtig ist, dass Sie das gesammelte Material übersichtlich zusammenstellen. Achten Sie darauf, dass die Texte gut leserlich sind. Die Texte werden – wenn nötig – mit dem Fotokopierer vergrößert und mit großen Überschriften versehen. Bitte vergessen Sie bei der Präsentation nicht, die Augenhöhe der Kinder zu berücksichtigen.

Den krönenden Abschluss der Aktion bildet die Eröffnung der Ausstellung oder die Präsentation der Broschüre. Alle Beteiligten haben in diesem Rahmen die Gelegenheit, das Ergebnis ihrer Arbeit gemeinsam zu feiern und es der Öffentlichkeit vorzustellen (s. Buchpräsentation, S. 36).

Per Gesetz musste man in Deutschland erst seit dem Beginn des 19. Jahrhunderts einen Nachnamen haben, doch bereits im 11. Jahrhundert tauchten die ersten auf: Familiennamen wurden meist dann notwendig, wenn die Bevölkerung wuchs und sich größere Städte bildeten. Sie entwickelten sich häufig aus Beinamen wie z. B. „der Kurze", Berufsbezeichnungen oder Ortsnamen. Sie wurden weiter vererbt, so dass der Bäcker auch noch dann Bäcker hieß, wenn er Metzger wurde. Das ist bis heute so geblieben. Schon die Römer kannten Familiennamen, wie z. B. „Tullius", die Griechen hatten dagegen keine. Auch in Island findet man bis heute nur die Benennung nach dem Vater: „Johanson" oder „Johansdottir". In Schweden gibt es mittlerweile Tausende, die „Carlson" heißen, was zu einem Verwaltungsproblem geworden ist. Deshalb wurden die Carlsons von den Behörden aufgefordert sich einen anderen Namen auszusuchen.

(vgl. Wolf-Armin v. Reitzenstein: Seit wann gibt es Namen?, in: Münchner Abendzeitung, 30.6.1999)

Literarische Entdeckungsreisen – Rallye und Literaturwanderweg

Bücher lesen heißt wandern gehen. (Jean Paul)

Bücherdetektivspiel

Bei Kindern sind alle Formen von Rallyes, Such- und Forscherspielen sehr beliebt, schließlich sind sie hier als Entdecker und Detektive gefragt. Auf eigene Faust, die Spürnase immer nah an des Rätsels Lösung, werden die kniffligsten Fälle auf einem Rallyebogen gelöst. So können Kinder literarische Inhalte, Orte, Gegenstände und Situationen kennen lernen und sich damit auseinander setzen.

Wie auch immer die Rallye angelegt ist und welchen Umfang Sie planen, im Vordergrund steht der Spaß am Entdecken und Mitmachen, keinesfalls der Wettbewerbscharakter oder die pädagogische Intention!

Auswahl der Bücher und Themen

Findet die Rallye zu einem bestimmten Anlass statt? Oder geht es um Bücher und Literatur ganz allgemein? Oder steht ein besonderer Inhalt im Mittelpunkt?

Geeignet sind alle Arten von Büchern, in denen es etwas zu entdecken gibt. Das kann eine abwechslungsreiche Mischung aus verschiedenen

Material: je nach Aktion
Alter: ab 7 Jahren
Teilnehmerzahl: 5 – 500 Kinder
Dauer: variiert je nach Projektform, Aufgabenstellung und Schwierigkeitsgrad: einfaches Detektivspiel (beendet nach einer Stunde), Tages- oder Wochenaktion ...

Gattungen sein (Kinder- und Jugendbücher, Comics, Computerliteratur, Kochbücher, Reise- und Sprachführer, Garten- und Tierbücher, Lesenswertes zu Hobby und Freizeit, Bildbände ...) oder aber bestimmte Themenschwerpunkte. Für eine Rallye kommen z. B. in Frage:

- Im Reich der Abenteuer,
- Fremde Länder / Fantastische Welten
- Das Buch im Wandel der Zeit / Die Entstehung der Schrift
- Erfinder und Erfindungen / Seefahrer, Piraten und Entdecker
- Mittelalter / Steinzeit
- Märchen und Fabeln
- Träume / Liebe und Freundschaft
- Sport und Freizeit / Ferien
- Weihnachten / Ostern
- Einzelne AutorInnen, z. B. Erich Kästner, Astrid Lindgren oder Michael Ende

Formulierung der Aufgaben und Fragen

Für den Rallyebogen werden nun aus den passenden Büchern Fragen zusammen gestellt. Variieren Sie einfache und kompliziertere Aufgaben:

- Was bringt man auf Seite ... über den Helden in Erfahrung?
- Wie viele Personen tummeln sich auf dem Titelblatt?
- Auf Seite ... des Buches findest du die Abbildung von ... . Versuche auf deinem Rallyebogen ebenfalls eine Zeichnung anzufertigen.
- Wie alt ist der Autor? Lies den Klappentext!
- Im Buch ist eine Geheimbotschaft oder Schatzkarte versteckt. Suche und entschlüssle sie. Zeichne sie auf.

Je abwechslungsreicher die Aufgaben sind, desto mehr Spaß macht es. Lassen Sie sich also ruhig Zusätzliches einfallen, z. B. eine Frage in Geheimschrift oder in Form eines Bilderrätsels (s. a. S. 108)! Oder die Frage: „Was würdest du gerne erfinden?" beim Thema Erfinder und Erfindungen. Oder eine Aufforderung wie „Nenne drei Länder, in denen du gerne Urlaub machen würdest", wenn es um fremde Länder oder Ferien geht ...

Sie können auch die Besonderheiten des Ortes, an dem die Rallye stattfindet, in die Fragestellung mit einbeziehen: „Wenn du aus dem Fenster der Bibliothek siehst, fällt dein Blick auf ein Plakat. Wieviele Menschen sind darauf zu sehen?" So eröffnen sich neue Perspektiven: Vorher nicht Beachtetes wird plötzlich wichtig.

Nicht zu unterschätzen sind Aufforderungen in den Fragen, die die Kinder zusätzlich motivieren, z. B. : „Das war jetzt noch ein leichte Aufgabe, die nächste wird schon schwieriger ...", „Jetzt wird es ein wenig knifflig, aber für dich sicher kein Problem ...", „Mal sehen, ob du auch dieses Rätsel knacken kannst ..."

Ein **O**xymoron ist die Kombination zweier sich im Grunde widersprechender Begriffe in einem Wort oder einer Bezeichnung, z. B. bittersüß, kalte Glut, Plastikgläser, Vegetarisches Steak oder bankrotter Millionär.

Auswahl des Ortes und Wegbeschreibungen

Das Suchspiel kann z. B. im Klassenzimmer, im Schulgebäude, in der Stadtbibliothek, in einer Buchhandlung oder in einem Museum stattfinden, wenn dort zum Thema passende Ausstellungen zu besichtigen sind. Eine besondere Herausforderung bildet eine Kombination von verschiedenen Einrichtungen, die aufgesucht werden müssen, um dem Rätsel auf die Spur zu kommen.

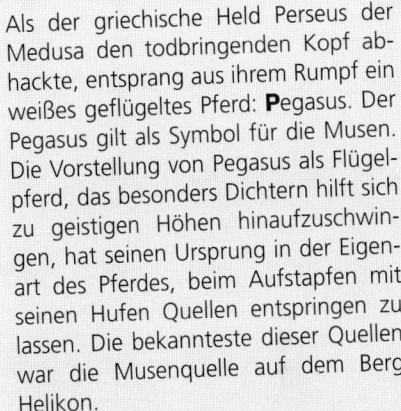

Als der griechische Held Perseus der Medusa den todbringenden Kopf abhackte, entsprang aus ihrem Rumpf ein weißes geflügeltes Pferd: **P**egasus. Der Pegasus gilt als Symbol für die Musen. Die Vorstellung von Pegasus als Flügelpferd, das besonders Dichtern hilft sich zu geistigen Höhen hinaufzuschwingen, hat seinen Ursprung in der Eigenart des Pferdes, beim Aufstapfen mit seinen Hufen Quellen entspringen zu lassen. Die bekannteste dieser Quellen war die Musenquelle auf dem Berg Helikon.
(vgl. Der kleine Pauly – Lexikon der Antike, München 1977, S. 82)

Wichtig ist eine genaue Ortskenntnis: Die Wegbeschreibungen für den Rallyebogen müssen so gestellt werden, dass sich die Kinder zurechtfinden. Beispiele: „Wenn du die Buchhandlung betreten hast, fällt dir sicher gleich das große Regal auf der rechten Seite auf. Hier wartet auch schon deine erste Aufgabe ...", „Gleich links neben der Tafel ...".
Sind die Rallyestationen auf mehrere Räume oder Orte verteilt, empfiehlt es sich, vor jeder Aufgabe eine genaue Beschreibung zu liefern, wie man hinkommt. Außerdem sollte man am Ort selber zusätzliche Markierungen anzubringen, das können z. B. große, auffällige Buchstaben oder Punkte sein. In jedem Fall sollte dort eine Person anwesend sein, die den Kindern weiterhilft, wenn es nötig ist.
Achten Sie darauf die einzelnen Aufgaben mit den speziellen Situationen und örtlichen Gegebenheiten in Kontext zu setzen. Als passender Ort für ein Kochbuch, aus dem die Kinder ein Rezept heraussuchen sollen, bietet sich z. B. der Pausenverkaufstand der Schule oder die entsprechende Abteilung in der Bibliothek an.

Achtung: Die schönste Rallye macht keinen Spaß, wenn die gesuchten Objekte nicht am angegebenen Platz sind. Daher ist eine sorgfältige Recherche und Ausarbeitung von Ihrer Seite besonders wichtig. Der Spielverlauf soll nachvollziehbar und durchdacht sein. Eventuell auftretende Probleme oder Unklarheiten müssen bereits im Vorfeld ausgeschlossen werden.

Die Spielregeln

Eine wichtige Funktion kommt den Spielregeln zu, die Sie den Kindern mündlich oder schriftlich auf dem Rallyebogen mit auf den Weg geben. Hier muss alles enthalten sein, was die Kinder zur eigenständigen Durchführung der Rallye befähigt:

- Worum geht es bei der Rallye? – Thema, Ziel, Aufgabenstellung und Lösung
- Wo findet die Rallye statt? – Benennen der Orte
- Wie sind die einzelnen Rallyestationen zu finden? – Wegbeschreibung, Hinweis auf Markierung
- Wer darf teilnehmen? – Kinder einzeln oder in Gruppen, Altersangabe

- Wie viel Zeit steht zur Verfügung? Angabe bei länger dauernden Aktionen
- Muss eine bestimmte Reihenfolge eingehalten werden?
- Wo werden die gesuchten Antworten eingetragen? – Hinweis auf bestimmte Felder oder Kästchen.

Die Ausarbeitung und Gestaltung des Rallyebogens

Der Rallyebogen sollte übersichtlich gestaltet und klar gegliedert sein. Arbeiten Sie beim Layout mit Illustrationen aus den gesuchten Büchern und heben Sie den Titel besonders hervor, sei es in Großbuchstaben oder durch Fettdruck.

Der Grad der Begeisterung am Mitmachen wächst mit der abwechslungsreichen Aufgabenstellung und Aufmachung! Planen Sie Platz für Zusatzaufgaben, wie z. B. Zeichnungen, die Auflistung von Lieblingsbüchern oder das Einkleben von besonderen Fundstücken. Die TeilnehmerInnen sollen auf Trab gehalten werden – schließlich findet ein richtiger Detektiv auch nicht alles auf Anhieb!

Nicht vergessen: Ein Feld für Name, Alter und Adresse.

Toll, dass du mitgemacht hast!

An der letzten Station geben die Kinder ihren Rallyebogen ab. Je nach Konzeption erfolgt die Auswertung sofort oder aber die Bögen werden gesammelt und die TeilnehmerInnen bei einer extra dafür anberaumten Veranstaltung gewürdigt.

„Dabei sein" ist zwar alles, dennoch haben die ForscherInnen eine kleine Belohnung verdient. Wie diese aussieht, hängt von Umfang und Dimension der Rallye ab: Für ein kurzes Detektivspiel gibt es z. B. eine Urkunde. Am Ende einer längerfristigen Aktion bietet sich eine Veranstaltung mit Preisverlosung an, bei der es neben einigen Hauptpreisen auch Trostpreise für alle TeilnehmerInnen gibt. Firmen, Buchhandlungen oder Verlage stellen gerne kleinere Sachpreise zur Verfügung.

BÜCHERDETEKTIVSPIEL „TRAUM"

Die Reihenfolge, in der du das Bücherdetektiv-spiel beginnst, ist egal und bleibt dir überlassen. Achte darauf, dass du die Bücher wieder genau an dem Platz zurücklässt, an dem du sie vorgefunden hast, schließlich sollen auch alle anderen Detektive sie sofort auffinden.

In einem Strandkorb wartet das „Traumfresserchen" auf dich. Das Land, in dem die Geschichte spielt und das auf Seite 5 vorgestellt wird, heißt:

....

Den Spruch, mit dem das Traumfresserchen Prinzessin Schlafittchen erlöst, kannst du auf Seite 20 nachlesen. Schreib ihn auf:

....

....

....

....

....

....

Am Fenster rechts von der Eingangstür liegt das Buch über „Mary Poppins". Sie ist angestellt als Kindermädchen bei der Familie (Näheres Seite 8):

....

Natürlich werden auch Weihnachtseinkäufe gemacht. Dabei treffen sie auf ein seltsames Wesen. Es heißt (Tipp: S. 168):

.... und ist auf der Erde um

.... für ihre Schwestern zu kaufen. (Gleich auf der nächsten Seite!)

Viel Spaß beim Entdecken und Forschen!

Name: ....

Wenn du die Augen schließt, träumst du am liebsten von:

1. ....

2. ....

3. ....

Im weißen Regal der Traumothek findest du eine traumhafte Fantasiegeschichte, in der es um ein kleines Mädchen und viele graue Herren geht.
Wie heißt dieses Buch?

....

Der Name des Autors lautet?

....

In der Nähe des Bücherregals trifftst du auf „Peter Pan". Der Autor dieses Buches heißt:

....

Auf Seite 15 erfährst du, was Peter bei seinen nächtlichen Besuchen manchmal im Zimmer zurück lässt:

....

So, das war's! Hoffentlich hat dir das Bücher-detektivspiel Spaß gemacht und du warst bei deiner Entdeckungsreise erfolgreich. In der Schreibwerkstatt wartet eine kleine Belohnung auf dich!

Ein Buch wird lebendig – Literaturwanderweg

Material: je nach Aktion
Alter: ab 7 Jahren
Teilnehmerzahl: 10 – 200 Kinder
Dauer: 1 – 4 Stunden

Begegnen Kindern Buchhelden leibhaftig, können sie selbst aktiv werden oder in Rollen schlüpfen, fällt ihnen der Zugang zu einem Buch leichter – auch wenn sie vielleicht nicht gerne lesen ...

Erwachsene und „eingeweihte" Kinder schlüpfen in die Rollen von Romanhelden und verteilen sich am Spielort, z. B. einer Aula oder Bibliothek. Die Kinder kommen der Geschichte auf die Spur, indem sie die verschiedenen Personen aufsuchen, die Informationen über das entsprechende Buch geben und zu kleinen Spielen und Aktivitäten einladen. Die Ergebnisse werden in einen Rallyebogen eingetragen, der die RomanforscherInnen von einer Spielfigur zur nächsten geleitet.

Die Vorbereitung der Stationen

Für ein solches Vorhaben sind Bücher geeignet, aus denen sich charakteristische Rollen, Situationen und Aktivitäten ableiten lassen. Das trifft für die meisten Märchen, Sagen, Abenteuerromane und Kinderklassiker zu. Prüfen Sie bei in Frage kommenden Büchern Folgendes:

- Sind die Handlungsabläufe so einfach, dass sie dargestellt werden können? Komplizierte Verläufe und innere Monologe sind nicht geeignet.
- Gibt es genügend attraktive Spielrollen und Tätigkeiten?

Sie müssen sich nicht exakt an die Buchvorgabe halten. Bei Bedarf können Sie zusätzliche Tätigkeiten oder Spielrollen (z. B. den Autor) mit aufnehmen.

Am besten lesen Sie das geplante Buch unter diesem speziellen Blickwinkel sorgfältig durch. Unterstreichen Sie dabei jeweils die Textpassagen, die für die Umsetzung relevant sind, also Figuren, Orte, Tätigkeiten oder Gegenstände (s. Abb.) und legen Sie die einzelnen Stationen fest:

- Welche Figuren treten auf?
- Welchen Inhalt vermitteln sie?
- Welche Requisiten werden benötigt?

Für eine gelungene Darstellung brauchen Sie die passenden Verkleidungen und Requisiten. Mit Farben, Pinseln und Plakatpapier lassen sich Kulissen ohne großen Aufwand herstellen. Diese müssen nicht perfekt sein, aber den jeweiligen Ort des Geschehens andeuten, z. B. ein Schloss, einen Wald oder eine Burgruine. Dasselbe gilt für die Ausstattung der SpielerInnen, die sich mit wenigen Accessoires wie Brillen,

Hüten, Stoffen, Modeschmuck etc. für die gewünschte Rolle ausstaffieren. Ein gefalteter Papierhut mit einer Feder reicht schon aus, um Robin Hood zu symbolisieren, eine golden besprühte Papierkrone auf dem Haupt einer Mitspielerin signalisiert sofort, dass es sich hier um eine edle Prinzessin handelt ...

Die DarstellerInnen der RomanheldInnen brauchen keine besonderen schauspielerischen Fähigkeiten. Wichtig ist, dass allen der jeweilige Buchinhalt präsent ist und sie auf alle Fragen der Kinder antworten können. Dabei helfen Merkzettel, auf denen die wichtigsten Punkte notiert sind.

Die Ausarbeitung des Rallyebogens

Stehen die einzelnen Stationen in groben Zügen, geht es an die detaillierte Ausarbeitung des Rallyebogens. Orientieren Sie sich dabei an den beim Bücherdetektivspiel ausgeführten Punkten (s. S. 59ff.). Auch hier gilt: Je abwechslungsreicher die Aufgabenstellung, desto besser. Außer Fragen an die Buchfiguren können z. B. folgende Aufgaben gestellt werden: ein Lesezeichen basteln, ein kleines Geschicklichkeitsspiel meistern – oder es gibt ein Bildchen, das in den Rallyebogen eingeklebt werden muss. Auf jeden Fall sollte ein inhaltlicher Zusammenhang zwischen den Personen und deren Aktivitäten bestehen: Bei Alice im Wunderland dürfen die Kinder z. B. einen Schluck von dem wundersamen Saft kosten, der das kleine Mädchen schrumpfen lässt. Bei Krabat machen die Kinder einen Wettlauf mit einem Mehlsack ...

Eines ist sicher: Nach dem Literaturwanderweg werden die Kinder sich begeistert auf die Bücher stürzen.

Q

Das Wort **Q**uiz wurde 1791 in Dublin anlässlich einer Wette erfunden: Der Theaterdirektor Daly schloss im Kreise von Bekannten die Wette ab, dass er die Sprache in einer Nacht um ein neues Wort bereichern könne. Am nächsten Tag entdeckte man auf Straßen, Gebäuden und Wänden ein geheimnisvolles Wort, das vorher niemand kannte. Daly gewann seine Wette, und „Quiz", was soviel heißt wie „Rätselspiel", ging in die englische, später auch in die deutsche Sprache ein
(vgl. Berlitz, Charles: Die wunderbare Welt der Sprachen, Wien / Hamburg 1982, S. 282)

Beispiel: Literaturwanderweg „Pippi Langstrumpf"

Gespielt von 6 Personen
Bitte als Rallyebogen gestaltet und ohne kursive Antworten bzw. Vorbereitungshinweise kopieren und verteilen!

Du hast sicher schon einmal von Pippi Langstrumpf gehört, vom frechen Michel aus Lönneberga oder von Ronja Räubertochter. Diese Figuren entstammen der Fantasie der schwedischen Schriftstellerin Astrid Lindgren. Sie ist schon über 90 Jahre alt und hat viele berühmte Bücher geschrieben. Über sie und ihre Pippi erfahrt ihr heute mehr. Ihr könnt sie sogar selbst fragen!

1. *Station:* Astrid Lindgren in ihrem Schreibzimmer
Astrid Lindgren erzählt dir ihre Lebensgeschichte.
Wo ist sie geboren? *(In der kleinen Stadt Vimmerby in Smaland auf dem Hof Näs in Schweden.)*
Wieso erfand sie die Geschichte der Pippi Langstrumpf? *(Astrid Lindgrens Tochter wollte spontan eine Geschichte von „Pippi Langstrumpf" hören.)*
In wie viele Sprachen wurden ihre Bücher übersetzt? *(In 58 Sprachen).*
Welche Bücher kennst du? ....
Astrid Lindgren bittet dich herauszufinden, wie die Crumulus-Pillen auf Pippi wirken. Vergiss nicht Pippi zu fragen wie alt sie ist, wenn du sie später triffst. *(Die Crumuluspillen verhindern, dass Pippi älter wird als neun Jahre.)*

2. *Station:* Pippi Langstrumpf
Wie heißt sie mit vollem Namen? Wenn du es nicht mehr weißt, frage sie! *(Pippilotta Viktualia Rollgardina Pfefferminz Ephraimstochter Langstrumpf.)*
(Vorbereitung: Binden Sie an einem Stuhl Wollstränge fest.) Versuche nun zusammen mit zwei anderen Kindern um die Wette Zöpfe zu flechten, was gar nicht so einfach ist!
Pippi kann nicht nur Pferde heben und auf Dachfirsten herumbalancieren, sondern auch Purzelbäume schlagen. Schaffst du es, das ‚Rurzelpaumdiplom' zu bekommen? *(5 Purzelbäume vorwärts und einen rückwärts schlagen.)*

3. *Station:* Verleger Blubberbü in seinem Büro
Noch heute, über 50 Jahre später, ärgert er sich über seine Fehlentscheidung: Er hat das Manuskript von Pippi Langstrumpf abgelehnt und sich geweigert es drucken zu lassen, weil er es für zu verrückt hielt. Kannst du dem armen Mann zu einer Geschichte verhelfen, damit er wenigstens jetzt ein ähnlich gutes Buch herausgeben kann? Schreibe deine Idee und den Namen deiner Hauptperson auf: ....

4. *Station:* Ephraim Langstrumpf, der Papa von Pippi
(Vorbereitung: Korb mit exotischen Früchten.) Wie du vielleicht weißt, lebt er auf der Taka-Tuka-Insel. Er hat dort viele exotische Früchte kennen gelernt, die es mittlerweile auch in Europa gibt. Er weiß leider nicht, wie sie alle heißen. Hilf ihm beim Erraten.
Was ein richtiger Kapitän ist, der kann auch einen Knoten binden. Versuche es auch einmal. Dafür bekommst du die Originalunterschrift eines Königs.

5. Station: Pippis Anstandsdame Frau Proselise

Sie ist empört über Pippi, weil diese sich immer so unanständig benimmt. Sie versucht nun wenigstens dir beizubringen, was ordentliche Manieren sind. Du musst einen kleinen Benimmkurs bei ihr machen (*z. B. mit der Gabel ohne Geräusche Chips essen ...*). Hast du auch schon einmal jemandem einen Streich gespielt? Schreibe ihn auf für ihre Sammlung! ....

6. Station: Pippis strenge Lehrerin

Pippi hat ständige Probleme mit den ‚Wechselstabenverbuchselungen‘. Frage nach, was eine Plutimikation ist *(Multiplikation)*. Plutimikiere 3 mit 6: ......

Pippi träumt immer von einer sagenhaften argentinischen Schule. Lass dir erzählen, was die Lehrer dort für eine Aufgabe haben. *(Die Lehrer entfernen für die Kinder das Bonbonpapier von den Bonbons.)*

Die Lehrerin sehnt sich trotzdem schon bald nach der frechen Pippi und überlegt, wie es wohl auf der Taka-Tuka-Insel gerade aussieht. Male ihr ein Bild, wie du dir das Inselleben vorstellst.

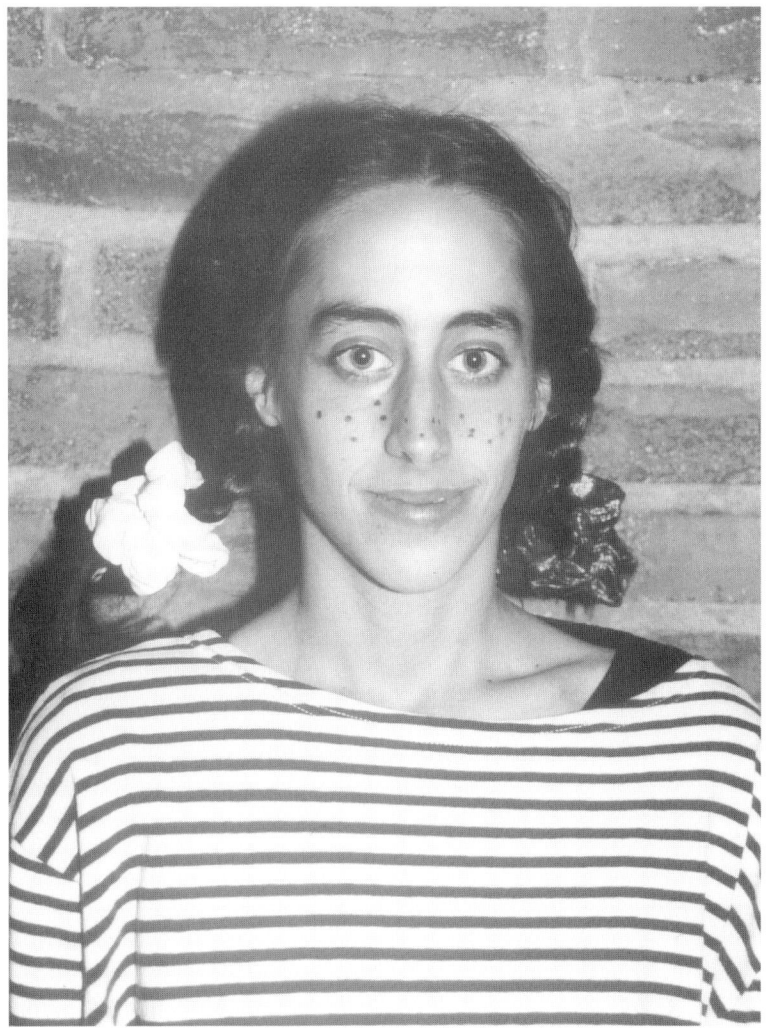

7. Station: Gehe in die Werkstatt „Kunterbunt“

Hier kannst du die Villa Kunterbunt ganz nach deinem Geschmack malen oder bauen.

Kehre nun zu Astrid Lindgren zurück und zeige ihr deinen Fragebogen. Sie gibt dir sicher ein Autogramm.

Rate mal! – Literaturquiz

Je mehr man liest, je mehr man lernt.
(Sprichwort)

Material: Overhead-projektor und Folien, Kassettenrekorder, farbige Stifte, 1 großes Plakat oder 1 Tafel, 1 Tisch, 1 großes Tuch; weitere Materialien ergeben sich je nach Aktion.
Alter: ab 8 Jahren
Teilnehmerzahl: 4 – 30 Kinder
Dauer: ca. 1 Stunde

Rätselspiele sind bei Kindern äußerst beliebt: Das gemeinsame Raten macht Spaß, man kann seine Kenntnisse unter Beweis stellen, Neues dazu lernen, Spannung und Entspannung erleben. Außerdem gibt es meistens etwas zu gewinnen. Das Quiz sollte die MitspielerInnen unterhalten, es darf auch lehrreich, jedoch niemals schulmeisterlich sein. Nicht der Konkurrenzkampf, sondern der Spaß am gemeinsamen Spielen und Raten steht im Vordergrund. Voraussetzung dafür ist, dass viele Spielelemente enthalten sind, die über reine Wissensfragen hinaus gehen und je nach Alter, Kenntnis und Interesse der Kinder variiert werden können.

Legen Sie die genaue Abfolge der Quizaufgaben fest, die Sie sich aus den nachfolgenden Bausteinen zusammenstellen. Die Mitarbeit einer Kollegin oder eines Kollegen ist dabei hilfreich, denn zu zweit ist der reibungslose Ablauf des Quiz am besten gewährleistet. Eine Person moderiert, die andere bedient die Medien (Overheadprojektor, Kassettenrekorder) und notiert den Punktestand auf einem Plakat oder einer Tafel. Ein Quiz sollte nicht länger als eine Stunde dauern, sonst lässt die Konzentration der Kinder nach.

Bereiten Sie einen Büchertisch mit allen Büchern vor, die im Quiz eine Rolle spielen. Sie werden mit einem großen Tuch verhüllt, das erst nach Abschluss der Veranstaltung gelüftet wird, um den Kindern die Gelegenheit zu geben in den Büchern zu schmökern.

Teilen Sie die Kinder vor dem Spielbeginn in zwei Mannschaften auf. Achten Sie darauf, dass beide Gruppen – was Alter und Wissen anbelangt – ausgewogen sind. Die Gruppen antworten abwechselnd. Wichtig ist, dass sich die Teammitglieder beraten dürfen. Erst wenn im Team Einigkeit herrscht, gibt eine SprecherIn die Antwort bekannt. Für die Beantwortung der Aufgaben stehen, je nach Schwierigkeitsgrad, ca. zwei Minuten zur Verfügung. Beantwortet eine Mannschaft ihre Frage nicht, geht sie an das andere Team. Die höchste Punktezahl gewinnt.

Hat ein Team einen großen Wissensvorsprung, können Sie als ModeratorIn mit zusätzlichen Hinweisen für Ausgleich sorgen, ohne den Wettstreitcharakter des Spiels zu zerstören. Damit es Ihnen gelingt das Interesse der QuizteilnehmerInnen – über die Beantwortung der Fragen hinaus – an den betreffenden Büchern zu wecken, können Sie zwischen den einzelnen Aufgaben kleine Anekdoten oder Geschichten über die Bücher und AutorInnen einstreuen.

Zum Abschluss des Quiz bekommen alle MitspielerInnen einen kleinen Preis überreicht (z. B. eine Abenteuer-Spezialisten-Urkunde, Schoko-

Goldtaler, schöne Stifte, Radiergummis, Bücher). Bedacht werden zuerst die SiegerInnen, aber auch die „Zweiten" gehen nicht leer aus.

Bausteine für ein Abenteuer-Literaturquiz

Mischen Sie Fragen und Aufgabenstellungen, die den unterschiedlichen Bedürfnissen und Interessen der Kinder entgegen kommen. Aus den folgenden Bausteinen können Sie sich ein Literaturquiz rund um Abenteuerbücher zusammenstellen. Nach Wunsch lässt es sich beliebig verändern, z. B. auf einen einzelnen Autor oder eine bestimmte Gattung – wie Mädchenbücher oder Märchen – zuschneiden.

Baustein Erkennungs- und Zuordnungsfragen
Textausschnitte aus Kinderbüchern identifizieren
Lesen Sie eine kurze und prägnante Textpassage aus einem Abenteuerroman vor und fragen Sie, um welches Buch es sich handelt. Wenn das zu schwer ist, tragen Sie einen weiteren Textabschnitt vor, der noch deutlichere Hinweise auf das Werk gibt (z. B. charakteristische Namen und Orte).

Buchillustrationen erkennen

Zeigen Sie charakteristische Illustrationen aus Abenteuerbüchern, die Rückschlüsse auf den Titel oder den Autor des gesuchten Buches erlauben. Bei vielen TeilnehmerInnen sollten Sie die Illustrationen vorher auf Folie kopieren und dann per Overheadprojektor präsentieren.

AutorInnen und Romanfiguren erraten

Suchen Sie sich in der Bibliothek Fotos von bekannten Abenteuerbuch-AutorInnen und Romanfiguren aus und kopieren Sie die Motive auf Overheadfolie. Bereiten Sie eine Abdeckung für die Folien vor: Schneiden Sie dazu ein dunkles Papier in sechs oder mehr Teile. Sie legen die einzelnen Folien abgedeckt auf den Projektor und decken das Motiv schrittweise auf. Mehr und mehr Details werden sichtbar. Fahren Sie damit so lange fort, bis die Kinder es erraten haben.

Gegenstände zuordnen

Präsentieren Sie den Kindern jeweils einen Gegenstand, den sie verschiedenen Romanen und Geschichten zuordnen sollen. Zeigen Sie z. B. einen Schirm und fragen, in welchem Roman dieser eine Rolle spielt. Geben Sie ein wenig Hilfestellung und nähere Hinweise, wenn die Kinder nicht auf die richtige Spur kommen. Erzählen Sie z. B., dass der Roman in England spielt, die Hauptperson des Buches ein bisschen verrückt ist und sie den Schirm nicht nur dazu benutzt, sich vor Regen zu schützen. Allmählich wird klar, dass es sich hier um den Schirm von Mary Poppins handelt ...

Weitere Requisiten und Gegenstände aus Abenteuerromanen:

- die Suppenschüssel von Michel aus Lönneberga
- der Besen der kleinen Hexe
- die Krücke von Kapitän Ahab aus Moby Dick
- ...

Baustein Theater und Rollenspiel

Bekannte Szenen spielen

Kinder oder erwachsene MitarbeiterInnen, die Sie vor dem Quiz eingeweiht haben, stellen eine bekannte Buchszene dar, die erraten werden soll. Beispiele:

- Robinson Crusoe, der sich auf die Suche nach Nahrung begibt, sieht plötzlich Fußspuren: Zeichnen Sie die Spuren mit Kreide auf dem Boden auf oder schneiden Sie Fußspuren aus Pappe aus und ordnen sie diese am Boden an.
- Der faule Tom Sawyer, der seine Freunde den Zaun streichen lässt, verlangt dafür Geld und macht Tauschgeschäfte: Malen Sie den Zaun auf ein Plakatpapier, das Sie an der Wand aufhängen.
- Gulliver erleidet Schiffbruch und strandet in Liliput: Diese Szene können Sie theatralisch umsetzen, indem Gulliver mit einer Lupe auf kleine Spielfiguren blickt.

Wortscharaden (zusammen gesetzte Wörter) darstellen

Eine MitspielerIn soll ein zusammengesetztes Substantiv pantomimisch darstellen. Die TeamkollegInnen sollen das gesuchte Wort erraten. Der/die DarstellerIn kann mit den Fingern andeuten, ob es sich um das erste oder zweite Wort des zu erratenden Begriffes handelt, der inhaltlich etwas mit Abenteuern und Abenteurern zu tun haben sollte: See-Mann, See-Fahrt, Schatz-Insel, Gold-Schatz, See-Not, Schiff-Bruch, Schatz-Karte, Flaschen-Post, Piraten-Schiff, Bank-Raub, Groß-Stadt, Wirbel-Sturm, ...
Für ältere Kinder geeignet.

Baustein Mit allen Sinnen

Für die Lösung der folgenden Quizaufgaben ist nicht nur Köpfchen, sondern der Einsatz aller Sinne gefragt. Die Mannschaften kommen den gesuchten Büchern riechend, schmeckend, hörend und tastend auf die Spur. Einige Vorschläge:

- Beispiel: Schmecken
  Alle Kinder kosten mit verbundenen Augen von dem Kuchen, der Alice im Wunderland zu einer Riesin werden ließ und raten, aus welchen Zutaten er besteht.

- Beispiel: Schauen

  Sindbad der Seefahrer hat insgesamt sieben Seereisen bestanden. Bei seiner neuesten Schiffsreise hilft ihm ein Matrose. Das Kind hat die Aufgabe mit einem Fernglas eine winzige Botschaft zu suchen, die im Zimmer versteckt ist, z. B. an der Wand klebt. (Orientieren Sie sich bei der Schriftgröße an der Qualität des Fernglases. Die Botschaft muss für die Kinder lesbar sein!) Sobald die Nachricht – ein Miniatur-Bilderrätsel (s.a. S. 108), das anzeigt, in welche Richtung Sindbad weitersegeln soll – gefunden ist, gilt es nur noch, die Botschaft zu enträtseln. Vielleicht lautet sie: „Segelt weiter nach Norden."

- Beispiel: Hören

  Die Kinder müssen die Musik von verfilmter Literatur erkennen, z. B. „Pippi Langstrumpf" von Astrid Lindgren.

- Beispiel: Riechen

  Halten Sie den Kindern ein Fläschchen Petroleum unter die Nase und fragen Sie, in welchem abenteuerlichen Märchen eine Lampe eine wichtige Rolle spielt. Des Rätsels Lösung: „Aladin und die Wunderlampe".

Baustein Bewegungsspiele

Variieren Sie bekannte und bewährte Spiele so, dass sie einen Bezug zu Büchern bekommen. Hier haben die Kinder die Gelegenheit ihre Geschicklichkeit und ihr Reaktionsvermögen unter Beweis zu stellen. Es geht also nicht immer darum, etwas zu erraten, sondern das Bewegungsbedürfnis der Kinder nach einer längeren Phase des Stillsitzens zu befriedigen. Bei diesen Angeboten haben auch TeilnehmerInnen, die nur wenige Bücher kennen, eine Chance Punkte für ihr Team zu sammeln.

- Beispiel: Wettangeln mit Huckleberry Finn und Tom Sawyer

  Zwei SpielerInnen aus verschiedenen Mannschaften – Huck Finn und Tom Sawyer – haben die Aufgabe, innerhalb von zwei Minuten mit einer Angel möglichst viele Fische aus einem Becken zu angeln. Bereiten Sie dazu eine Wanne mit ca. zehn Papp- oder Holzfischen vor, die mit kleinen Ösen oder Magneten versehen sind. Die Angeln werden mit einem Haken oder Magneten präpariert. Sie können auch ein gekauftes Angelspiel verwenden.

- Beispiel: Schatzsuche mit Jim Hawkins und John Silver

  Erzählen Sie, mit welchen Schwierigkeiten Jim Hawkins auf der Suche nach dem Schatz auf der Schatzinsel zu kämpfen hat. Bitten Sie die Kinder ihm dabei behilflich zu sein. Zeichnen Sie dazu vorab mit einem schwarzen Stift eine Schatzkarte, auf der ein verschlüsselter Spruch abgebildet ist. Er gibt einen Hinweis darauf, wo der Schatz im Raum versteckt ist. Sie können den Spruch mit Spiegelschrift, einer Geheimschrift oder in Form eines Bilderrätsels (s.a. S. 108) darstellen. Schmücken Sie die Karte darüber hinaus mit geheimnisvollen Zei-

chen und Bildern, z. B. einer Windrose oder einem Piratenkopf. Kopieren Sie die Schatzkarte für die beiden Teams auf zwei unterschiedlich farbige Papiere.

Zerschneiden Sie beide Karten in 4 bis 8 Teile und verstecken Sie diese vor Beginn des Quiz' im Raum. Teilen Sie den Teams mit, welche Farbe und wieviele Teile ihre Schatzkarte hat, nach der sie suchen. Kartenstücke des anderen Teams werden nicht weiter beachtet. Sobald die Kinder alle Teile ausfindig gemacht und die Karte zusammengesetzt haben, bildet sich vor ihren Augen der verschlüsselte Spruch ab: Er verrät, wo sich der Schatz befindet. Die Mannschaft, die das Rätsel zuerst lüftet, spürt das Versteck des Schatzes auf, der z. B. aus Schoko-Goldtalern besteht.

● Beispiel: Mit Ronja Räubertochter die gefährliche Höllenschlucht überspringen
Markieren Sie mit einem Seil am Boden die „Höllenschlucht", indem Sie einen Kreis oder eine Elipse bilden, die von den Kindern übersprungen werden muss.

● Beispiel: Wasser schöpfen mit Robinson Crusoe
Ehe Robinson für 28 Jahre auf einer unbewohnten Insel strandet, kämpft er ums nackte Überleben. Er versucht sich und das untergehende Schiff vor dem Versinken zu bewahren, indem er das Wasser daraus abschöpft. Hierbei braucht er Unterstützung: Mit einer Schöpfkelle schöpfen die Kinder aus einer Wanne Wasser, tragen es bis zum Ende eines Parcours und schütten es dort in einen Eimer. Es gewinnt die Mannschaft, die nach einer vereinbarten Zeit am meisten Wasser aus dem „Wrack" geschöpft hat – ein Spiel für draußen und für wärmere Tage.

Tausend und ein Buch – Literaturmuseum

Der Anblick von Büchern nimmt die Sorge vom Herzen.
(Maurisches Sprichwort)

Material: je nach Aktion
Alter: ab 6 Jahren
Teilnehmerzahl: 2 – 30 Kinder
Dauer: mind. 2 Stunden

Ausstellungen regen Kinder zur Auseinandersetzung mit Büchern, Lesen und Schreiben an und animieren dazu Neues zu entdecken. Sie sollen nicht nur zum Betrachten und Verweilen, sondern auch zum Mitmachen einladen.

Sammeln und archivieren, kennzeichnen und präsentieren

Welches Thema kann mit welchen Objekten dargestellt werden? Eine goldene Kugel, ein Schlüssel, ein Lebkuchen oder ein angebissener Apfel sind z. B. ideale Exponate für eine Märchenausstellung.

Kein Museum gibt sich mit bereits vorhandenen Ausstellungsstücken zufrieden, ständig wird weiter gesammelt, archiviert und natürlich präsentiert. Alle MitarbeiterInnen – und später auch die BesucherInnen des Museums – werden daher aufgefordert in ihren Schatztruhen, Speichern, Kellern oder Kinderzimmern nach Leihgaben zu stöbern. Durch die mitgebrachten Gegenstände wächst das Museum und es entstehen immer neue Anlässe zu Ausstellungseröffnungen.

Gibt es nicht genügend Objekte, stellen die Kinder selbst Exponate her:
z. B. eine Schatzkarte oder ein AutorInnen-Porträt.
Museumsgegenstände müssen beschriftet werden, damit die Besuche-
rInnen etwas damit anfangen können. Dabei sollten sich die Kinder fol-
gende Fragen stellen:
● Um welchen Gegenstand handelt es sich?
● Wo wurde er gefunden?
● Von wem entdeckt?
● Wie alt ist er?
● Ist es die Leihgabe eines Museums oder eines Sammlers?
Vielleicht denken sich die Kinder sogar zu jedem Exponat eine kleine
Geschichte aus. Zu vermerken sind überdies der genaue Fundort und
besondere Begebenheiten rund um das ausgestellte Stück. Ein Beispiel:

*Dieses Stoffstück ist Teil eines Mantels, der dem Ritter abgerissen ist, als
er vom Pferd sprang, um der stolzen Königstochter seine Aufwartung zu
machen. So jedenfalls berichten Augenzeugen, die dieses Ereignis für die
Nachwelt festgehalten haben.*

Möchten Sie die Museumsgegenstände dreidimensional präsentieren,
so bieten sich Regale oder aufeinandergestellte Schaukästen aus Holz

oder Karton an. Nur eindimensional lassen sich die Dinge auf Ausstellungswänden, Pinnwänden oder in Bilderrahmen zeigen. Aber auch eine Kombination ist möglich, sie erweitert nicht nur die Möglichkeiten der Präsentation, sondern macht sie auch für den Betrachter lebendiger.

Museumsführungen und Ausstellungskatalog

Für Interessierte werden Führungen angeboten. Die MuseumsführerInnen tragen möglichst einheitliche Kleidung und einen Anstecker, der auf ihre Funktion hinweist. Machen Sie nun eine beispielhafte Probeführung, an der sich die FührerInnen orientieren können. Die anderen Kinder erstellen ein Schild, auf dem folgende Daten zu lesen sind: Zeitpunkt der nächsten Führung und Ort, wo sich die BesucherInnen sammeln sollen.

Die Herausgabe eines Ausstellungskataloges ist eine weitere Aufgabe der Museumswerkstatt: Zu allen Exponaten werden Zeichnungen angefertigt, am besten in schwarz-weiß, und mit dem dazu gehörigen Text (s. Beschriftung oben) versehen. Wie der Katalog hergestellt wird, erfahren Sie auf S. 33 ff. Interessierten BesucherInnen wird er gegen ein kleines Entgelt oder das Versprechen, etwas zur Ausstellung beizusteuern, überlassen.

Anregungen für thematische Ausstellungen

Alle Ausstellungsinhalte und -objekte für die folgenden Anregungen können Sie sich aus Alltagsgegenständen und Kopien aus Büchern zusammenstellen.

Beispiel: Märchen

Rapunzels Haar, ein Tellerchen der sieben Zwerge, Däumlings Bett, eine Feder der Lieblingsgans von Nils Holgersson, die Spindel von Dornröschen, einen Wackerstein der sieben Geißlein, ein Schmuckstück aus Ali Babas Schatz, die Kugel des Froschkönigs, ein Fell- oder Lederstück von Allerleirauh, das Stroh, das die Müllerstochter in Rumpelstilzchen zu Gold spinnen soll, der Ring, den die Schwester in den siebten Becher fallen lässt, um die sieben Raben zu erlösen, ein Lebkuchen vom Knusperhäuschen der bösen Hexe …

Beispiel: Abenteuergeschichte

Ein Degen der drei Musketiere, die Geldscheine aus Emil und die Detektive, der Faden, mit dem Tom Sawyer aus dem Labyrinth findet, der Schirm von Mary Poppins, die Blätter, die Peter Pan zurücklässt, die Schatzkarte aus der Schatzinsel, die fünf Goldstücke, die der Puppenspieler Pinocchio schenkt, damit er sie seinem Vater Gepetto gibt …

Beispiel: *AutorIn*

Fotos, Zeitzeugnisse, Auszüge aus einzelnen Geschichten, Anekdoten, Illustrationen, Hobbys, Lieblingsbeschäftigungen, bevorzugte Aufenthaltsorte ...

Beispiel: *Schreibutensilien*

Bleistift, Griffel, Tafel, Buntstift, Kugelschreiber, Füller, Feder, Tusche, Tinte, Tintenpatrone, Radiergummi, Filzstift, Schreibmaschine, Computer, Schablonen, Stempel, Papier, Federkiel, Siegel, Setzkasten ...

Beispiel: *Dinge-ABC rund um die Literatur*

A wie Atlas, Alphabeth, Autor, Abenteuerbuch, B wie Bilderbuch, Buchstütze, C wie Computer, Chemiebuch, chinesisches Alphabet, D wie Druckstock ...

Beispiel: *„Bücher"-Ausstellung*

Sparbuch, Telefonbuch, Logbuch, Drehbuch, Kursbuch, Tagebuch, Gebetbuch, Schuldenbuch, Fahrtenbuch, Leerbuch, Lehrbuch, antiquarisches Buch, Gesetzesbuch, Kassenbuch, Branchenbuch, Bilderbuch, Klappbuch, Schnippelbuch, Adressbuch ...

R Auch die **R**ömer kannten bereits eine Tageszeitung: „acta diurna" (was soviel wie „Tägliche Mitteilungen" bedeutet). Die acta diurna wurden von Cäesar (100 – 44 v. Chr.) ins Leben gerufen. Es handelte sich um Schrifttafeln, die auf dem Forum aufgestellt und täglich erneuert wurden. Nachzulesen waren hier Berichte aus dem römischen Senat, wichtige Ereignisse, Familiennachrichten und Sensationsmeldungen. (vgl. Schweiggert, Alfons: Das ist der Knüller, Freiburg im Breisgau 1986, S. 8)

Literaturcafé „Extrablatt"

„Lieber lesen und Sekt schlürfen als abwarten und Tee trinken."
(Udo Lindenberg)

Material: Küchenausstattung und Material je nach Aktion
Alter: ab 6 Jahren
Teilnehmerzahl: 5 – 20 Kinder
Dauer: mind. 2 Stunden

Das Literaturcafé ist der ideale Ort für größere oder kleinere Veranstaltungen, wie z. B. Werkstattgespräche, Lesungen, Aufführungen, Literaturpreisverleihungen, Spiele oder Quizdarbietungen. Aber: Wer arbeitet, muss auch essen. Bei Literaturprojekten steht deshalb nicht nur die geistige Nahrung im Vordergrund, auch für das leibliche Wohl will gesorgt sein. Und zwar mit Literarischem wie Buchstabensuppe und Buchstabenplätzchen bis hin zu Gerichten und Getränken aus Büchern oder Geschichten.

Überlegen Sie zunächst mit den Kindern, zu welchem Thema sie ein Literaturcafé gestalten wollen. Denn davon hängen sowohl die Dekoration als auch die Speisenzusammenstellung ab.

Beispiel: Märchencafé

Zu einer freundlichen und entspannten Atmosphäre gehören schön gedeckte Tische mit spezieller Dekoration, z. B. aus mit Märchenmotiven bedruckten Papierservietten (s. Stempel, S. 103), kleinen, goldenen Strohgarben (Rumpelstilzchen), Rosen oder Goldtalern (s. Literaturmuseum, Beispiel Märchen, S. 76).

Denken Sie sich nun gemeinsam mit den Kindern Speisen und Getränke aus. Dann schreiben die Kinder die Speisekarte. Im Märchencafé gibt es viele leckere Dinge:

Der süße Brei, Rapunzelgemüse, Hänsel und Gretel-Lebkuchen, Vorspeisenteller „Bremer Stadtmusikanten", Pflaumenmusbrot „Tapferes Schneiderlein", Schneewittchens Apfeltasche, Sterntaler, Zwergenplätzchen, Glückskekse à la Hans, Froschkönig-Tröpfchen, Frau Holles Powermix, Däumlings Supersprudel, Rotkäppchen Kuchen, Dornröschen Drink, Aschenputtels Erbsensuppe ...

Aber bevor das alles angeboten werden kann, muss es noch besorgt oder hergestellt werden:

● Welche Zutaten und Materialien werden benötigt?
● Wer ist zuständig für Essen und Trinken?
● Wer kümmert sich um das Drumherum?

Damit die Rezepte nicht in Vergessenheit geraten, bietet sich eine schriftliche Sammlung der verschiedenen Kochanleitungen an – zur praktischen Nachahmung empfohlen! Vielleicht bildet sich eine Kochbuchredaktion, die eine Sammlung literarischer Leckerbissen herausgibt, im Café auslegt und gegen ein kleines Entgelt verkauft (s. Veröffentlichung eines Buches, S. 33 ff.).

Was wäre ein Literaturcafé ohne Lesefutter? Sorgen Sie für eine Auswahl an Büchern und Zeitschriften, die zum Schmökern einladen!

Raus mit der Sprache! – Literaturforschung

Dank der unermüdlichen Tätigkeit diverser bundesdeutscher Meinungsforschungsinstitute und der Berichterstattung darüber in der Presse kann sich jeder Interessierte ein Bild vom Leseverhalten der Kinder machen. Das Problem: Während eine hochaktuelle Studie die erfreuliche Meldung „Und sie lesen doch!" verbreitet, kommt zeitgleich ein anderes Forscherteam zu dem Schluss, dass die heranwachsende Generation „Null Bock auf Bücher" hat ... (s. S. 7 ff.). Was also liegt näher als die Betroffenen selbst zu befragen, um authentisches Datenmaterial zu erhalten.

Umfrage zum Leseverhalten

Material: fotokopierte Fragebögen, Stifte, Tafel und Kreide oder großer Papierbogen, Tesafilm und dicker Filzstift
Alter: ab 7 Jahren
Teilnehmerzahl: 1 – 30 Kinder
Dauer: ca. 45 Minuten (inkl. Diskussion)

Teilen Sie vorbereitete Fragebögen an die Kinder aus und bitten sie darum, diese auszufüllen. Inhalt können verschiedene Themen aus der Literatur oder Fragen zum individuellen Leseverhalten sein. Auf einer Tafel oder einem großen Plakat, das Sie an der Wand anbringen, werden die Ergebnisse eingetragen und in einem anschließenden Gespräch diskutiert.

Fragebogen zum individuellen Leseverhalten:

- Liest du gerne oder macht dir das keinen Spaß?
- Was liest du am liebsten?
- Wo liest du am liebsten?
- Haben dir deine Eltern, als du klein warst, Geschichten vorgelesen?
- Kannst du dich an das erste Buch erinnern, das du gelesen hast?
- Welches Buch hast du zuletzt gelesen? Hat es dir gefallen / nicht gefallen? Warum?
- Welches Buch würdest du deiner besten Freundin / deinem besten Freund schenken?
- Welchen Autor oder welche Autorin würdest du gerne einmal kennen lernen?
- Stell dir vor, du bist SchriftstellerIn. Worüber schreibst du?
- Wer liest mehr? Deine Eltern oder du?
- Welche drei Bücher würdest du auf eine einsame Insel mitnehmen?

Forschungsinstitut

Aufwendiger, aber auch lebendiger und vielfältiger als eine einzelne Umfrage ist die Organisation eines Forschungsinstitutes. Es könnte zum Beispiel im Rahmen einer Projektwoche an einer Schule, anlässlich einer Lesung in einer Bibliothek oder einer Literaturwoche in einer Buchhandlung entstehen. Bei solchen Ereignissen stehen auch genügend AnsprechpartnerInnen für die Meinungserhebung zur Verfügung. Laufen gar mehrere Umfragen gleichzeitig, stellt sich richtige Forscheratmosphäre ein!

Ausstattung

Für das Institut benötigen Sie Tische und Bänke, ein wenig Büromaterial sowie (Stell-)Wände, an denen Sie die Auswertungsbögen befestigen können. Außerdem Klemmbrettchen, die die BefragerInnen als Schreibunterlage verwenden. Pappkartons, auf denen die Bögen mit Wäscheklammern befestigt werden, sind eine gute Alternative.

Herstellung der Fragebögen und Feldphase

Bevor es losgeht, bereiten Sie mehrere Fragebögen oder Forschungsaufträge zu unterschiedlichen Themen vor. Diese sollen Aufschluss über das Leseverhalten, individuelle Vorlieben und Lieblingsbücher geben (s. Muster, S. 82 f.). Was immer man rund um Bücher herausfinden

Material: Stifte, Klebepunkte in verschiedenen Farben, Tesa, Schere, mehrere große Papierbögen und dicke Filzstifte, fotokopierte Fragebögen, Forscherkappen, Gummis, Forscherbrettchen als Schreibunterlage (fester Karton DIN-A4 und Wäscheklammer), evtl. Schreibmaschinen und Computer zum Verfassen der Auswertungsberichte
Alter: ab 7 Jahren
Teilnehmerzahl:
2 – 20 Kinder
Dauer:
mind. 2 Stunden

FORSCHERAUFTRAG

Name _____

Auftrag _____

_____

_____

_____

_____

FORSCHERAUFTRAG

Name _____

Auftrag _____

_____

_____

_____

_____

möchte, kann erfragt werden. Ob Sie nach der Ausleihfrequenz in der Leihbücherei oder nach dem Märchen fragen, das am meisten Angst eingeflößt hat – alles ist erlaubt! Interessant ist auch eine Bücherhitparade, die nach den genannten Lieblingslektüren aufgestellt wird.

Formulieren Sie die Fragen so, dass sie für Kinder verständlich und nachvollziehbar sind. Wichtig: Stellen Sie nicht nur Fragen im „multiple choice"-Verfahren, sondern berücksichtigen Sie, dass auch individuelle Aussagen möglich sind. Diese Antworten sind bei der Auswertung weitaus spannender und anregender als die üblichen „ ja, nein, weiß nicht"-Kommentare. Die Gestaltung des Bogens sollte ansprechend und mit einigen Illustrationen aufgelockert sein, damit sie zur Beantwortung einladen. Verschiedene Farben für die einzelnen Fragebögen erleichtern die Übersicht. Beziehen Sie die Kinder bei der Entwicklung und Gestaltung der Umfragen mit ein und ermutigen Sie sie zum Entwurf eigener Fragebögen.

Sind alle Vorbereitungsmaßnahmen getroffen, kann das Institut mit der Arbeit beginnen. Die Antworten der befragten Kinder, Jugendlichen und Erwachsenen sollen stichpunktartig notiert werden. Die Kinder bekommen dazu einen oder mehrere Umfragebögen, Forscherbrettchen und eine Forscherkappe (s. Muster).

Damit sich die Befragten für die Beantwortung Zeit nehmen, sind Höflichkeit und freundliches Auftreten oberstes Gebot: „Entschuldigung, ich komme vom Forschungsinstitut xy, hättest du vielleicht kurz Zeit mir ein paar Fragen zu beantworten?"

Der Fragebogen erleichtert es, mit anderen Kindern in Kontakt zu treten, bzw. ins Gespräch zu kommen. Tragen die Jungen und Mädchen zudem Forscherkappen, ist offensichtlich, dass es sich um eine seriöse Aktion handelt. Dennoch kann es passieren, dass die Angesprochenen wortlos weitergehen. Bereiten Sie die Kinder auf diese Situation vor, dann werden sie sich nicht aus dem Konzept bringen lassen.

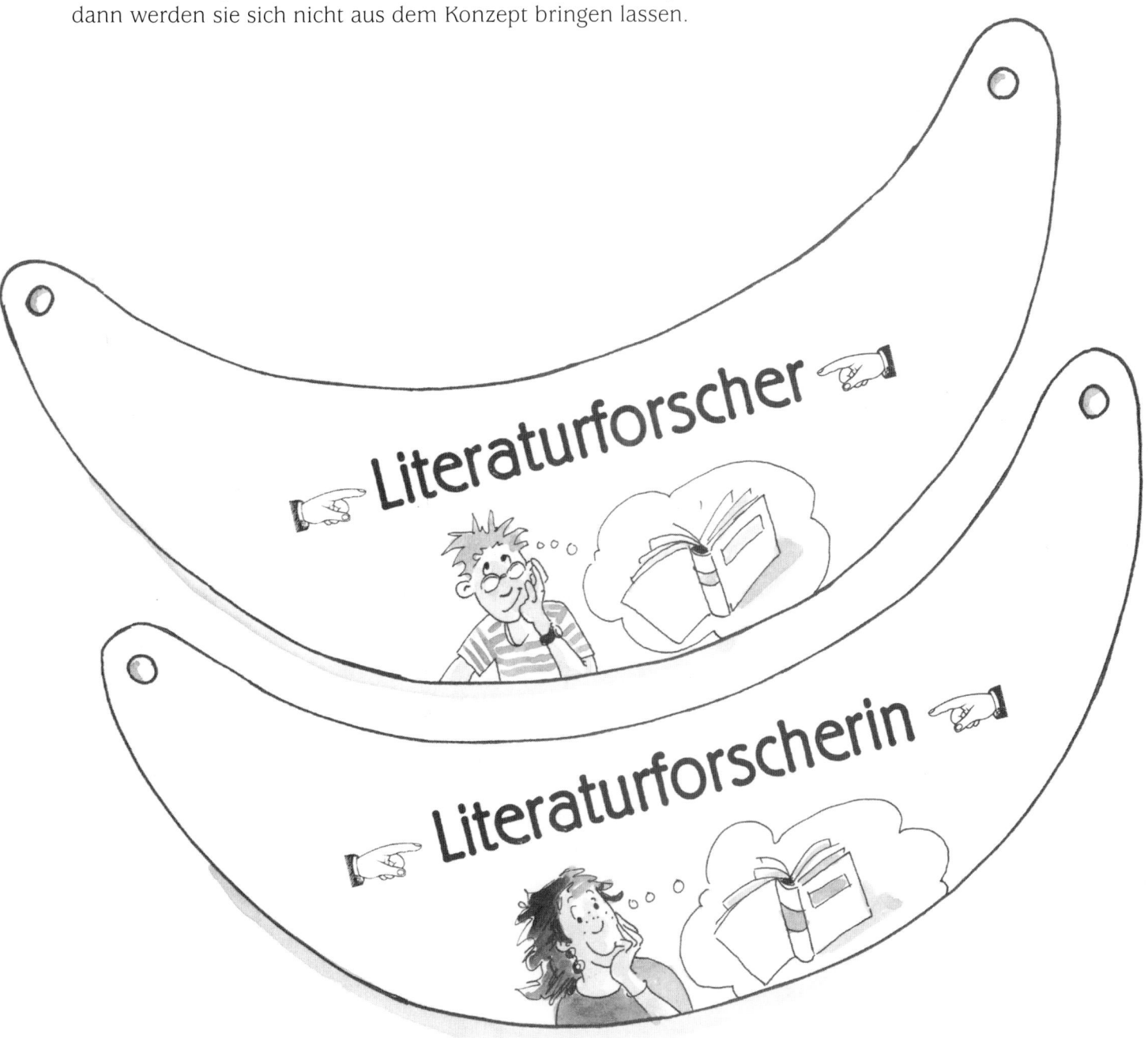

Auswertung der Umfrage

Die Ergebnisse und Aussagen werden in Auswertungstabellen eingetragen. Ob Sie die Auswertungsbögen schon vor Inbetriebnahme des Forscherbüros oder zusammen mit den Kindern fertigstellen, müssen Sie je nach Kenntnisstand und Alter entscheiden. In jedem Fall sollten die Ergebnisse präsentiert werden!

Die Fragen eines Forschungsbogens werden mit einem dicken Filzstift gut sichtbar in eine Auswertungstabelle geschrieben. Kommen die Kinder von ihrer Tour zurück ins Institut, übertragen sie Fakten, Meinungen und Trends mit Filzstiften oder Klebepunkten von ihren Umfragebögen auf die Auswertungswände. An einer günstigen Stelle platziert, erfahren viele Menschen, wie es um die Lesegewohnheiten ihrer Zeitgenossen bestellt ist.

Die Auswertung steht allerdings nicht im Mittelpunkt der Befragung: Der Weg ist das Ziel! Was zählt, ist die lockere, kommunikative Auseinandersetzung über Bücher und Leseverhalten im (fragebogengestützen) Gespräch, das neue Anregungen gibt und zum Nachdenken anregt. Ein veröffentlichter Auswertungsbericht in der Schülerzeitung oder gar in der Lokalpresse sorgt dafür, dass die Diskussion auch noch nach der Veranstaltung weiter geht.

Seit den ersten sumerischen Tontafeln – den Anfängen der Schriftkultur – waren geschriebene Worte dazu bestimmt, laut gesprochen zu werden. Obwohl auch aus früherer Zeit „**S**tille Leser" bekannt sind, war diese Art des Lesens in der westlichen Welt vor dem 10. Jahrhundert kaum üblich. Bis weit ins Mittelalter gingen die Schriftsteller davon aus, dass ihre Leser den Text vorrangig hören würden, schließlich wurden die Wörter auch bei der Niederschrift laut mitgesprochen. Da relativ wenige Menschen lesen konnten, waren öffentliche Lesungen üblich. Erst allmählich wurde das stille Lesen in der christlichen Welt zur Norm. Die Einführung der Interpunktion, die den Text in Worte und Sätze gliederte und damit das Lesen vom Blatt einfacher machte, förderte die Entwicklung des stillen Lesens.
(vgl. Manguel, Alberto: Eine Geschichte des Lesens, Berlin 1998, S. 61)

Forschungsauftrag

InterviewerIn: .... Alter: ....

Angaben zur Person:
☐ weiblich
☐ männlich

☐ unter 7 Jahre
☐ 7 – 10 Jahre
☐ 11 – 15 Jahre
☐ älter als 15 Jahre

Für welches Alter findest du Märchen gut?
....

Wie heißt dein Lieblingsmärchen?
....

Wann hörst / liest du Märchen am liebsten?
☐ abends vor dem Einschlafen
☐ an regnerischen Nachmittagen
☐ immer wenn ich Zeit habe
☐
☐

Welche Märchenschriftsteller gefallen dir am besten?
☐ Grimms Märchen
☐ 1001 Nacht
☐ Andersen-Märchen
☐ Bechstein-Märchen
☐ Hauff-Märchen
☐ ....

In welcher Form gefallen dir Märchen am besten?
☐ wenn sie erzählt werden
☐ wenn sie vorgelesen werden
☐ wenn ich sie selber lese
☐ wenn ich sie von einer Kassette höre
☐ wenn ich einen Märchenfilm sehe

Welches Märchen hat dir am meisten Angst gemacht?
....

Was sollen deiner Meinung nach Märchen bezwecken?
....

85

Programmbausteine II
Bastel- und Bauanleitungen rund ums Buch
Papierwerkstatt

Material: 1 Fotowanne oder 1 flaches, großes Gefäß, verschließbare Gläser oder Dosen zum Anmischen der Farbe (die angerührte Farbe lässt sich wieder verwenden), verschiedene Künstlerölfarben, Terpentinersatz, Tapetenkleister, helles, nicht zu dünnes Papier, Pinsel, Schaschlikstäbchen, Schneebesen, Wäscheleine, Klammern, Wasser, Eimer, Arbeitskleidung, evtl. Bügeleisen
Alter: ab 6 Jahren
Teilnehmerzahl: 1 – 10 Kinder
Dauer: mind. 1 Stunde

Marmoriertes Papier

Die alte und faszinierende Kunst des Marmorierens zu erlernen ist nicht schwer. Marmorpapiere gelangten vor 400 Jahren als so genannte Türkischpapiere von der Türkei nach Europa, wo sich die Herstellung des Buntpapiers sehr schnell verbreitete.

Die Kinder füllen die Fotowanne ca. 4 cm hoch mit Wasser und verrühren im Wasser einige Esslöffel Tapetenkleister mit dem Schneebesen (Mischungsverhältnis: 1 l Wasser auf 5 Esslöffel Kleister). 10 Minuten warten, bis der Kleister quillt und prüfen, ob die Masse eine puddingartige Konsistenz bekommen hat. Sollte die Masse zu flüssig sein, rührt man noch etwas Kleister darunter, ist sie zu zäh, gibt man noch ein wenig Wasser dazu.

Bevor es mit dem Marmorieren richtig losgeht, müssen die gewünschten Farben mit Terpentin angerührt werden. Dazu ca. 10 cm Farbe aus der Tube herausdrücken und mit ein wenig Terpentin in eine Blechdose oder ein Glas geben. Mit dem Pinsel durchmischen, so dass eine relativ flüssige Konsistenz entsteht. Die Kinder lassen jetzt die Mischung vorsichtig mit dem Pinsel auf die Kleistermasse tropfen. Achtung: Berührungen der Oberfläche mit dem Pinsel vermeiden. Je nach gewünschter Farbzusammenstellung können sie die Farben in die Wanne tropfen lassen, so dass sie auf der Kleisteroberfläche einen farbigen Ölfilm bilden. (Die Menge des Terpentins in der Farbe steuert die Ausdehnung des Farbtropfens auf der Kleisteroberfläche).

Nun gestalten die Kinder das Muster. Sie ziehen mit einem oder mehreren Holzstäbchen Linien durch die Kleistermasse. Es entstehen immer wieder neue Farben und Formen, jede Bewegung der Holzstäbchen ergibt eine neue Komposition. Jetzt rollen sie das zu marmorierende Blatt Papier von einer Seite her langsam und gleichmäßig auf der Kleisteroberfläche ab, bis es ganz aufliegt. Sie müssen nur darauf achten, dass keine Luftblasen entstehen. Danach das Papier an zwei Ecken in die Hand nehmen und so über den Wannenrand ziehen, dass die Kleisterreste abgestreift werden.

Jetzt wird das Papier in einen Eimer Wasser getaucht, dabei den restlichen Kleister vorsichtig mit der Hand entfernen. Das Kunstwerk zum Trocknen auf eine Wäscheleine hängen. Vergessen Sie nicht Zeitungspapier oder Abdeckfolie unter die Wäscheleine zu legen. Wenn mehrere Kinder marmorieren, ist es sinnvoll, vorher die leeren Blätter mit Namen zu versehen. Die feuchten Papierbögen lassen sich nur äußerst schwierig beschriften.

Nach dem Trocknen das Marmorpapier glatt pressen oder vorsichtig von der Rückseite bügeln. Mit dem Marmorpapier kann man Bücher, Mappen (s. S. 93) oder Schreibunterlagen (s. S. 102) beziehen.

Das **t**euerste Buch der Welt ist eines der ersten Exemplare der „Canterbury Tales" des englischen Dichters Geoffrey Chaucer. Es wurde für 4,6 Millionen Pfund versteigert. Damit ist das um 1477 in Satz gegebene Werk das teuerste gedruckte Buch der Welt, und verdrängte die Gutenberg-Bibel vom Spitzenplatz.
(vgl. Der Spiegel, Jahreschronik '98, Rückblick, S. 204)

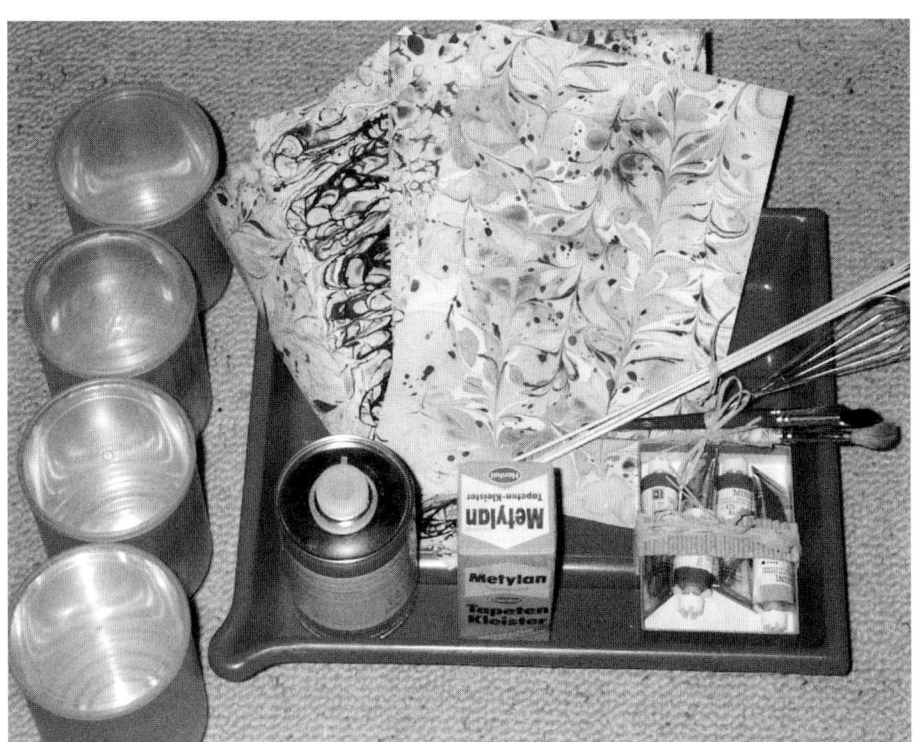

Kleisterpapier

Material: Tapetenkleister, farbige Holzbeize, wasserlösliche Farben, z. B. Plaka- oder Dispersionsfarbe, Wasser, verschließbare Marmeladengläser für die Farben, Schüssel, breiter Borstenpinsel, starker Karton, Schere, eventuell Schaschlikstäbchen, Schneebesen, Bögen aus festerem hellen Papier, Zeitungen als Unterlage, Arbeitskleidung, evtl. Bügeleisen
Alter: ab 6 Jahren
Teilnehmerzahl: 1 – 10 Kinder
Dauer: mind. 1 Stunde

Die Herstellung von Kleisterpapier ist einfach, aber sehr effektvoll.

Die Kinder rühren in einer mit Wasser gefüllten Schüssel den Tapetenkleister nach Packungsanweisung an. Nach 10 Minuten Quellzeit in leere Gläser mit Schraubverschluss füllen. Den Kleister pro Glas jeweils mit einer Dispersions- oder Plakafarbe einfärben und alles gut durchrühren. Besonders leuchtende Farben lassen sich mit farbiger Holzbeize erzielen, die in Pulverform in kleinen Tütchen erhältlich ist. Die Beize erst in heißem Wasser auflösen, bevor der Kleister damit eingefärbt wird.

Sind alle gewünschten Farben angerührt, tragen die Kinder die farbige Kleistermasse entweder in einer Farbe oder in Farbkombinationen mit einem dicken Pinsel auf einem Papierbogen auf, bis er ganz bedeckt ist.

Sein typisches Muster erhält das Papier so: Die Kinder schneiden aus festem Karton einen Pappstreifen oder verschiedene Kämme (s. Abb.), bei denen die Abstände zwischen den Zähnen sowie die Zahnbreite variieren. Je nachdem, wie sie den Streifen oder Kamm über den Kleister ziehen, gibt es Karomuster, Wellenlinien, Zacken oder Kreise auf dem Papier. Andere Strukturen erhalten sie mit den unterschiedlichsten Hilfsmitteln, z. B. mit einem Pinsel (auftupfen oder drehen), grobporigen Schwämmen, einem Stück dicker Schnur, Schaschlikstäbchen, etc. Lassen Sie die Kinder zuerst einen Experimentierbogen anfertigen, auf dem sie die einzelnen Muster ausprobieren, bevor sie sich für bestimmte Kombinationen entscheiden.

Nach dem Trocknen muss das Kleisterpapier glatt gepresst oder vorsichtig von der Rückseite gebügelt werden, damit man es zum Beziehen von Mappen und Büchern weiter verwenden kann.

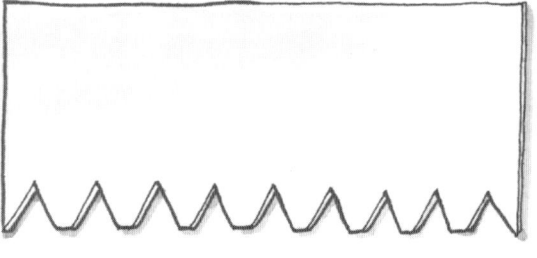 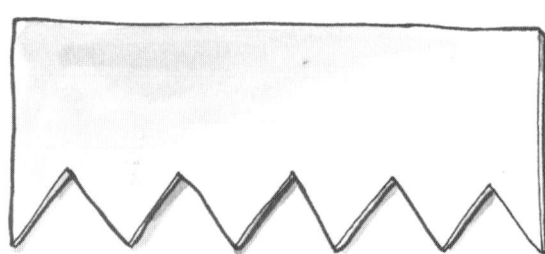

Papierschöpfen

Material und Werk-zeug: Altpapier, z. B. Zeitungen oder Eier-kartons, Buntpapiere, Computerpapiere, rost-freies Drahtgitter aus Aluminium oder feiner Maschendraht (Maschenweite 1 x 1 mm), Plastik-wanne zum Schöpfen, Plastikeimer oder -schüssel für Papier-brei, Mixstab oder Mixer, Allzweck-Küchentücher oder Geschirrtücher zum Gautschen, Hand-tücher als Unterlage, 2 Bretter (ein wenig größer, als das Format des geschöpften Papiers) zum Pressen, Schraubzwingen, Nudelholz, gute Haus-haltsschere, wasser-feste Plane oder Maler-folie für Fußboden (entfällt bei Aktion im Freien), Arbeits-kleidung
Alter: ab 6 Jahren
Teilnehmerzahl: 1 – 10 Kinder
Dauer: mind. 2 Stunden

Der Papierbrei

Zur Herstellung des Papierbreis reißen Sie oder die Kinder das Altpapier in kleine Schnipsel und weichen es über Nacht in Wasser ein. (Die Fär-bung des Faserbreis hängt davon ab, welche Papiere Sie verwenden.) Mit dem Mixer die Masse nun zu einem dickflüssigen Brei pürieren. Achten Sie darauf, dass der Papierbrei gleichmäßig zerkleinert wird und keine größeren Papierstücke enthält. Jetzt den Faserbrei in die Schöpf-wanne füllen und soviel lauwarmes Wasser hinzugeben, bis er eine sämige Konsistenz hat. Prüfen Sie das, indem Sie mit der Hand gut umrühren.

Um unnötigen Überschwemmungen vorzubeugen, sollte die Schöpf-wanne nicht zu voll gefüllt werden. Und: Auf die Größe der Wanne ach-ten. Es ist wichtig, dass die Gitter beim Schöpfen genug Platz haben! Die Menge des Papierbreis, den die Kinder herstellen, hängt davon ab, wie viele TeilnehmerInnen Sie einplanen, wie lange sich die Aktion er-streckt oder wie viele Variationen der Papierherstellung Sie die Kinder ausprobieren lassen wollen. Für die Dauer von drei bis vier Tagen ist der Papierbrei gut haltbar, danach beginnt er zu riechen und sollte entsorgt und bei Bedarf neu angesetzt werden. (Sie können den Restfaserbrei einfrieren und wieder auftauen. Oder Sie trocknen die festen Bestandteile und heben Sie so bis zur nächsten Verwendung auf.)

Das Schöpfen

Zum Papierschöpfen benötigt man ein Schöpfgitter, das die Fasern einfängt und ihnen eine Form gibt. Es lässt sich leicht herstellen: Mit der Schere das Drahtgeflecht in die gewünschte Größe und Form schneiden.

Nun wird kräftig umgerührt, damit sich die Fasern gleichmäßig verteilen. Die Kinder nehmen das Gitter in beide Hände, tauchen damit an der ihnen gegenüberliegenden Wannenseite schräg und tief in den Faserbrei ein. Während des Schöpfens bringen sie das Gitter in eine waagerechte Position, ziehen es zu sich und heben es langsam heraus. So kann sich eine Schicht des Papierbreis auf dem Sieb absetzen. Beim gesamten Vorgang auf einen möglichst fließenden Bewegungsablauf achten! Dann halten die Kinder das Gitter zum Abtropfen über die Wanne. Vorsichtige Kippbewegungen nach rechts und links sowie von oben nach unten beschleunigen den Vorgang.

Anschließend legen sie das Schöpfgitter mit dem Papiervlies nach unten auf das angefeuchtete Gautschtuch und rollen mit dem Nudelholz einige Male, am besten in einer Richtung, über das Gitter. So wird das Wasser herausgepresst und das Papier „verfilzt". Der Fachbegriff hierfür lautet „gautschen". Danach können die Kinder das Gitter leicht abnehmen.

Trocknen oder Pressen

Die Papiere können auf den Gautschtüchern im Liegen oder aber an der Wäscheleine getrocknet werden, was allerdings länger dauert. Bei Aktionen mit Kindern, die ihre selbst gemachten Papiere so schnell wie möglich in den Händen halten und vielleicht sogar weiter verarbeiten möchten, empfiehlt es sich das Papier zu pressen:

Alle Gautschtücher mit den geschöpften Papieren übereinander auf ein Brett legen. Den Abschluss bildet ein zweites Brett, das mit zwei Schraubzwingen am unteren Brett befestigt wird. Nach ca. 45 Minuten können die Kinder die Papiere herausnehmen und anschließend noch ein wenig an der Luft trocknen. Löst sich das Papier leicht von der Unterlage, ist es fertig.

Unebenheiten oder Unregelmäßigkeiten können mit dem Bügeleisen ausgeglichen werden.

Farbiges Papier

Als Ausgangsmaterial wird beim Anrühren des Faserbreis Geschenk-, Buntpapier oder Illustrierte verwendet. Oder Sie arbeiten mit Flüssigfarben auf Wasserbasis (Dispersionsfarbe, Gouache, Lebensmittelfarbe, Tinte), Farbpigmenten oder Pflanzensäften, z. B. aus Beeren. Die entsprechenden Farbzusätze dem Faserbrei unter kräftigem Rühren beigeben, bis der gewünschte Farbton erreicht ist.

Pflanzenpapiere

Schöne Effekte bei der Gestaltung des Papiers erzielt man durch die Zugabe von Pflanzen: Rhabarber, Lauch, Zwiebelschalen, Tannennadeln, Herbstlaub, Gräser, Laub oder Stroh – der Experimentierlust sind keine Grenzen gesetzt. Das Naturmaterial zerkleinern und solange in Wasser kochen bis es weich ist. Danach mit dem Mixstab pürieren, bis sich die gewünschte Beschaffenheit, fein, mittel oder grob einstellt. Nun den Pflanzen- mit dem Faserbrei vermischen. Dabei auf das Mischungsverhältnis – je nachdem, wie Sie das Papier gestalten möchten – achten. Interessante Effekte lassen sich auch durch die Kombination mehrerer Naturmaterialien erzielen. Auch hier gilt: Einfach ausprobieren!

Einschöpfen von Objekten

Sehr dekorativ ist auch die Einarbeitung verschiedener Objekte in das Papier. Gut eignen sich neben Naturmaterialien (z. B. getrocknete Blätter, Blumen, Gräser, Gewürze) auch andere Gegenstände wie Büroklammern, kleine Münzen, farbige Papierschnipsel, Stoffreste mit besonders interessanter Struktur, kleine Muscheln, Federn oder Zeitungsausschnitte.

In das gegautschte, noch nasse Papier drücken die Kinder das oder die gewünschten Objekte vorsichtig hinein. Größere, erhöhte Objekte teilweise mit Papierbrei bedecken, damit sie sich nicht ablösen. Nun legen die Kinder das Gitter wieder auf ihr Papier und pressen durch wiederholtes Rollen das Wasser heraus. Ob das Papier an der Luft getrocknet oder gepresst wird, hängt von der Art der eingearbeiteten Gegenstände ab: Sind erhabene Gegenstände, wie z. B. Blütenknospen, in das Papier eingeschöpft worden, empfiehlt es sich das Papier an der Luft trocknen zu lassen.

Wasserzeichen

Möchten die Kinder ganz persönliches Papier haben? Dann können sie ihre Initialen oder ein bestimmtes Motiv auf das Papier bringen – und zwar ohne allzu großen Aufwand.

Zur Herstellung eines Wasserzeichens benötigen die Kinder rostfreien Draht, z. B. Aluminium- oder Kupferdraht in der Stärke 3 bis 4 mm. Mit einer Zange bringen sie ihn in die gewünschte Form. Mit einigen Stichen nähen die Kinder – oder Sie – ihn auf die obere Seite des Schöpfgitters. Beim Papierschöpfen lagert sich der Faserbrei auf dem etwas erhöhten Drahtgebilde nicht so dicht ab, das Blatt wirkt an dieser Stelle transparent.

Urdu heißt die zu den indo-arabischen Sprachen gehörende offizielle Staatssprache Pakistans mit über acht Millionen SprecherInnen in Pakistan und etwa zwei Millionen in Indien. „Ich liebe dich" heißt in Urdu: „Mujge tumae mahabbat hai".
(vgl. Meyers großes Taschenlexikon, Band 23, Mannheim 1992, S. 33; Berlitz, Charles: Die wunderbare Welt der Sprachen, Wien / Hamburg 1982, S. 74)

Weiterverarbeitung von handgeschöpftem Papier

Die geschöpften Papiere lassen sich auf vielfältige Weise verwenden, z. B. zur Herstellung von Glückwunsch- oder Grußkarten: Das Blatt in der Mitte falten, mit einem Lineal vorsichtig über den Falz streichen. Ein Einlegeblatt aus andersfarbigem oder Transparentpapier in der entsprechenden Größe zuschneiden, ebenfalls in der Mitte falzen und in die Karte einlegen.

Stehen mehrere Bögen handgeschöpften Papiers zur Verfügung, können daraus Umschläge und Briefpapier angefertigt werden. Bei passender Größe eignet sich das Papier auch als Einband für ein Buch, eine Mappe oder als Geschenkpapier.

Mappe

Ob diese Mappe Ordnung ins Leben bringt, kann nur der zukünftige Besitzer entscheiden, dekorativ und praktisch ist sie allemal.

Die Kinder legen das Dekopapier mit der Innenseite nach oben vor sich auf den Tisch und dann die beiden Bögen Pappe darauf. Dabei für den Mappenrücken einen kleinen Spalt von 0,5 cm reservieren (s. Abb.). Sie markieren auf dem Dekopapier rundherum 2 cm Zugabe und bestreichen einen Bogen Pappe mit einem Pinsel sorgfältig mit Buchbinderleim. Die Pappe an den Markierungen auf das Schmuckpapier kleben. Mit dem zweiten Pappdeckel ebenso verfahren ohne die Aussparung für den Mappenrücken zu vergessen. Die Mappe aufschlagen, das überstehende Schmuckpapier an den Ecken schräg abschneiden (s. Abb.), nach innen schlagen und auf die Pappe kleben.

Jetzt bohren die Kinder auf der Innenseite der Mappe zwei Löcher für den Gummi-Verschluss, entweder mit einer Ahle oder einem anderen spitzen Gegenstand (s. Abb.). An einen halbierten Zahnstocher ein Ende des Hutgummis knoten. Diesen durch das Loch auf die Mappen-Innenseite schieben und dort mit Textilklebeband festkleben. Die Mappe zuklappen, den Gummi über die Vorderseite ziehen und ihn nach demselben Prinzip im zweiten Loch auf der Rückseite befestigen. Dabei darauf achten, dass die Mappe gut schließt und der Gummi weder zu stramm noch zu locker ist. Nun bekleben die Kinder auch die beiden Innenseiten der Mappe mit einem Dekopapier.

Die Kinder schneiden für den Rücken einen Streifen Buchbinderleinen in der Größe von 35 x 2,5 cm zurecht und streichen ihn mit Buchbinderleim ein. Sie drehen die Mappe auf die Außenseite, kleben den Geweberücken exakt in der Mitte auf und biegen die Einschläge nach innen um. Anschließend kleben sie einen zweiten Leinwandstreifen von 30,4 cm x 2,5 cm auf die Innenseite des Rückens und reiben diesen mit dem Falzbein in die Kanten. Steht kein Buchbinderleinen zur Verfügung, kann man auch mit Textilklebeband arbeiten. Am Ende trocknen die Kinder die Mappe offen zwischen zwei Brettern, die sie mit einem Gewicht beschweren.

Material: 2 Bogen feste Pappe, (2 mm, etwas größer als DINA-4, z. B. 22 x 31 cm), Schmuckpapier (48,5 x 35 cm, z. B. Kleister-, Marmor- oder Geschenkpapier), 2 Bögen Papier für die Innenseiten der Mappe, Hutgummi, Buchbinderleinen oder Textilklebeband, Zahnstocher, Buchbinderleim, Pinsel, Falzbein, Ahle
Alter: ab 8 Jahren
Teilnehmerzahl: 1 – 10 Kinder
Dauer: ca. 2 Stunden

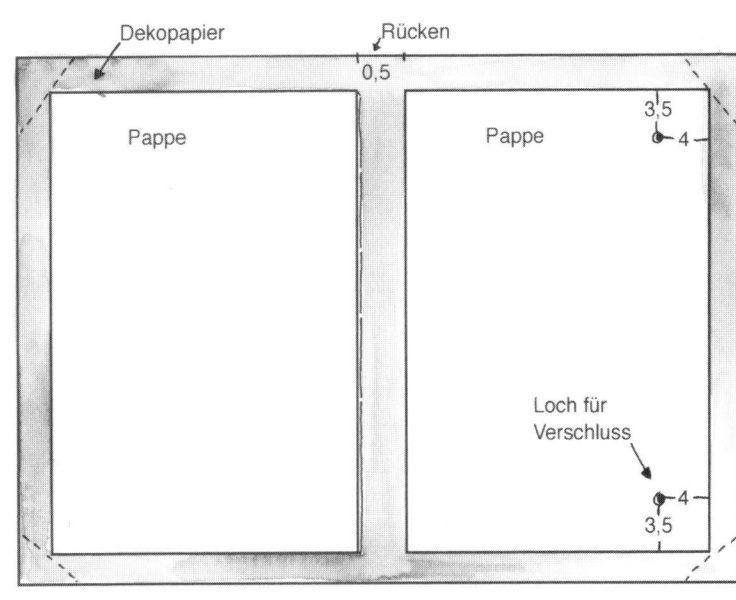

Stift-Umhängetasche

Material: Versandröhre mit Verschluss (Durchmesser 7 cm), Kordel oder Schnur, 1 Bogen Pappe (1 mm), Zirkel, Bleistift, Lineal, Schmuckpapier (z. B. Kleister-, Marmor- oder Geschenkpapier), evtl. Plakafarbe, mittlerer Pinsel, 2 kleine Schraubösen, Alleskleber
Alter: ab 7 Jahren
Teilnehmerzahl: 1 – 15 Kinder

Für den Transport von Büchern ist die Umhängetasche in Stiftform nicht unbedingt geeignet, dafür ist sie ein ganz besonderer Blickfang! Die Kinder zeichnen mit dem Zirkel auf dem Bogen Pappe einen Kreis mit 12,5 cm Radius auf. Jetzt ziehen sie eine Linie durch den Mittelpunkt und schneiden einen Halbkreis aus. Den Halbkreis schneiden sie an der Rundung im Abstand von ca. 1,5 cm jeweils 1,5 cm tief ein. Den Kreismittelpunkt markieren. Dieser wird zur Spitze des Bleistiftes, indem die Kinder aus dem Halbkreis einen Kegel formen. Die Spitze wie ein Hütchen auf die Öffnung der Pappröhre setzen und ausprobieren, ob alles passt und an der richtigen Stelle sitzt.

Die eingeschnittenen Laschen auf der Außenseite mit Kleber bestreichen und das Hütchen in die Röhre einpassen. Anschließend noch einmal gut andrücken. Die Kinder bekleben die Versandröhre anschließend mit Schmuckpapier oder bemalen sie.

Damit der Stift auch „schreiben" kann, bemalen sie die Spitze in ihrer Wunschfarbe oder überziehen sie mit einem Stück farbigen Papiers. Sie bohren jeweils in 2 cm Abstand von den Enden der Röhre 2 kleine Ringösen in die Pappröhre hinein und befestigen daran eine Kordel, die als Tragegurt dient.

Bücherbinden

Unter den verschiedenen Möglichkeiten Bücher zu binden haben wir zwei für Sie ausgewählt.

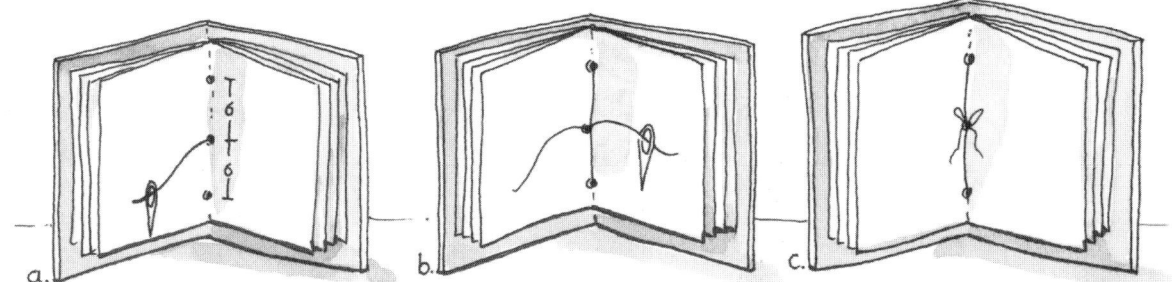

Buch mit Fadenheftung

Die Pappe für den Umschlag des Heftes so zuschneiden, dass sie in der Höhe und in der Breite jeweils 1 cm größer ist als das Papier des Innenteils. In der Mitte falzen. Den Umschlag – wenn gewünscht – nach dem gleichen Verfahren wie bei der Mappe mit einem Dekopapier (s. S. 93) überziehen.

Die Kinder falzen die acht Blätter in der Mitte und legen sie so ineinander, dass sie eine Lage erhalten. Zusätzlich mit der flachen Seite des Falzbeines am Falz entlang streichen. Nun öffnen die Kinder die Lage und legen sie auf eine Arbeitsfläche, die sie mit einer Pappe oder einem alten Holzbrett schützen. Jetzt mit der Ahle oder einem ähnlichen spitzen Gegenstand drei Löcher in den Falz machen. Dazu mit einem Loch genau in der Mitte beginnen, dann in gleichem Abstand je ein Loch darüber bzw. darunter setzen.

Den Umschlag ebenso bearbeiten. Die Kinder legen den Innenteil in den Umschlag, so dass die Löcher genau aufeinander passen und sie mit dem Nähen beginnen können. Den Zwirn einfädeln. Die Nadel so führen:

- von innen durch das mittlere Loch, ca. 10 cm Zwirn innen hängen lassen, damit man später einen Knoten binden kann (Abb. a)
- die Nadel von außen durch das untere Loch hineinführen,
- von innen durch das obere Loch hinaus,
- und schließlich durch das mittlere Loch wieder hinein,
- die beiden Zwirnenden sollten nun links und rechts des langen Stichs liegen (Abb. b). Sie miteinander verknoten und die Enden abschneiden (Abb.c).

Die Kinder kleben zur besseren Stabilität das erste Blatt auf die Innenseite des vorderen sowie die letzte Seite auf die Innenseite des hinteren Umschlagdeckels. Fertig ist das schmale Bändchen, das im Prinzip wie ein „richtiges" Buch angefertigt ist.

Kenner verzieren ihr Werk mit Namensschildchen, Buchecken und Buchschließen, die dem Büchlein die ganz besondere Note geben.

Material: 8 Bogen Fotokopier- oder Schreibmaschinenpapier für den Innenteil (doppelt so groß wie das Format des fertigen Buches, z. B. DIN-A4), 1 Bogen dünnere Pappe für den Buchdeckel, größer als DIN-A4, z. B. 22 x 31 cm), Schmuckpapier für den Umschlag, z. B. marmoriertes Papier, Kleisterpapier oder Geschenkpapier, Ahle oder ähnliches spitzes Werkzeug, Falzbein, Buchbinderleim, weißer Zwirn (ca. 3 x die Länge des Heftrückens), stumpfe Nadel mit großem Öhr, Pappe oder Holzbrett zum Unterlegen, evtl. Reste von Metallfolie, Leder, Dekopapier zur Verzierung des Buches
Alter: ab 6 Jahren
Teilnehmerzahl: 1 – 30 Kinder
Dauer: mind. 1 Stunde

Blockbuch

Material: ca. 30 Bögen Fotokopier- oder Schreibmaschinen-papier DIN-A4, 1 Bogen 1 mm starke Pappe (21,5 x 61 cm), Schmuckpapier (25,5 x 65 cm), z. B. Marmor-papier, Kleisterpapier oder Geschenkpapier, 2 Buchbindernägel aus Metall oder Plastik (er-satzweise Musterklam-mern, kurze Gewinde-schrauben mit großem Kopf und Mutter oder eine dünne Kordel), Holzbohrer (3 mm Bohreinsatz), Buchbin-derleim, Pinsel, Tape-tenmesser, Locher, Stahllineal
Alter: ab 8 Jahren
Teilnehmerzahl: 1 – 15 Kinder
Dauer: mind. 1,5 Stun-den

Die Kinder ritzen auf der Pappe die Falzlinien mit einem Tapetenmes-ser an, das sie an ein Stahllineal anlegen, (s. Abb.). Diesen Vorgang wie-derholen. Jetzt die beiden Umschlagseiten mit einem Dekopapier ver-zieren (s. Mappe). Nach dem Trocknen mit dem Holzbohrer vier Löcher (s. Abb.) bohren. Nun lochen die Kinder oder Sie die Schmalseite der 30 Leerseiten in der Mitte und legen sie in den Umschlag hinein, und zwar so, dass die Löcher exakt übereinander liegen. (Falls Sie ein an-deres Format wählen, wandeln Sie bitte die Maße entsprechend ab.). Die Buchbindernägel vorsichtig in die Löcher drehen und festziehen. Eine preiswerte Alternative bilden Gewindeschrauben und Muttern oder Musterklammern. Auch eine Kordel, die Sie durch die Löcher zie-hen und mit einer Schleife fest binden, hält die Seiten zusammen.

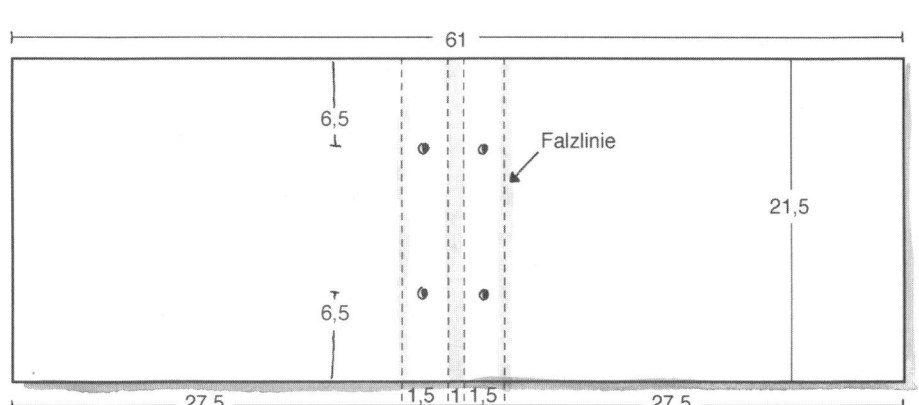

Literatur-Kalender

Kalender gibt es viele, aber nur wenige zum Thema Literatur und fast keine zum Thema Kinderliteratur. Ein selbst gestalteter Kalender mit Märchenszenerien, Kinderbuchhelden, Lieblingscomics, Tierfiguren aus Büchern oder Bilderrätseln (s. a. S. 108), das ist etwas ganz Besonderes.

Bereiten Sie für jeden Monat ein Blatt mit den jeweiligen Monatsnamen sowie allen dazugehörigen Tagen vor, die Sie für die Kinder kopieren. Jedes Kind erhält zwölf Monatsblätter und zwei festere Papiere für Deckblatt und Rücken. Mit welcher Technik die Kinder die Kalenderseiten ausführen – Malen, Zeichnen, Stempeln oder Drucken -, hängt ganz davon ab, wieviel Zeit und Material zur Verfügung steht.

Die Gestaltung des Deckblatts sollte das Interesse des Betrachters wecken und erste Hinweise auf das Thema geben. Innen werden wichtige Daten fest gehalten, neben den Geburtstagen der FreundInnen und Familie z. B. auch die Geburtstage bekannter KinderbuchautorInnen, der internationale Kinderbuchtag am 2. April oder der Welttag des Buches am 23. April.

Die einfachste Methode, den Kalender an der Wand zu befestigen, sieht so aus: Die Kinder lochen alle Seiten einschließlich Titelblatt und Rückwand an der Schmalseite in der Mitte. Durch die Lochung ziehen sie ein schmales Bändchen, dessen Enden sie verknoten und an einen Nagel hängen.

Etwas aufwendiger ist eine Aufhängung aus Sperrholz, an der die Kalenderseiten mit einer Schnur angebracht werden (s. Abb. 1). Die Kinder übertragen die Umrisse mit Bleistift auf das Sperrholz, sägen mit der Laubsäge entlang der vorgezeichneten Linie und schleifen die Kanten. Nun ein Loch in die Mitte des Holzbrettchens bohren. Darauf achten, dass die Lochung der Kalenderseiten dem Abstand der Mulden in der Holzaufhängung entspricht (s. Abb. 2). Beide Teile mit ca. 0,5 cm Abstand übereinander auf den Tisch legen, jeweils eine Schnur durch eine Lochung führen, eine Schlaufe bilden. Jetzt die Schlaufe in der darüber liegenden Mulde des Holzbrettchens befestigen (s. Abb. 2).

Material: 12 Seiten weißes Fotokopier- oder Schreibmaschinenpapier DIN-A4, 2 Bögen festes Papier DIN-A 4 für Deckblatt und Rückwand, Locher, Schnur, Bast oder dünnes Bändchen, evtl. 2 mm starkes Sperrholz, Laubsäge, feines Schleifpapier, Holzbohrer mit 3 mm Durchmesser
Alter: ab 6 Jahren
Teilnehmerzahl: 1 – 30 Kinder
Dauer: mind. 3 Stunden

Abb. 1

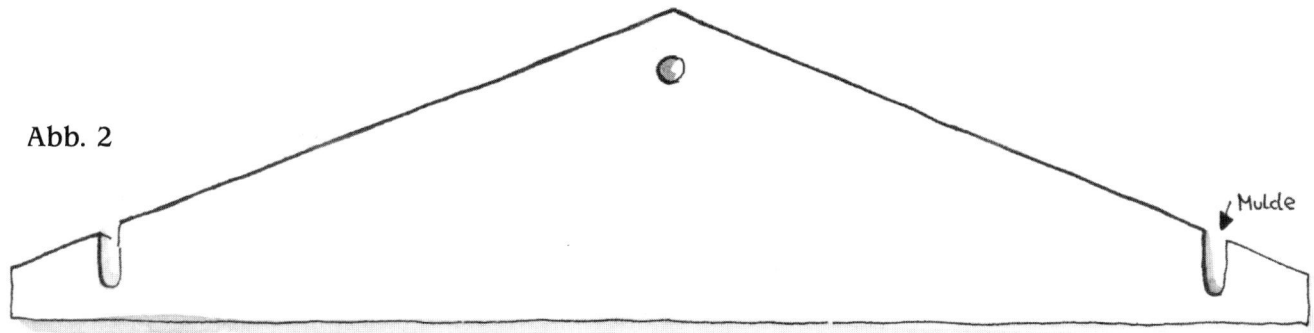

Abb. 2

Mulde

Lesezeichen

Dauer: ca. 2 Stunden
Material: dünner Karton, (1 – 2mm), Bleistift, Schere, Lineal, Schneidemesser, Kleister, Pinsel, Wasserfarben, Filz-oder Buntstifte, Buntpapier, Kleber, Durchschlagpapier, Klarlack
Alter: ab 6 Jahren
Teilnehmerzahl: 1 – 30 Kinder
Dauer: mindestens 1 Stunde

Für alle, die ihre Bücher nicht mit Eselsohren kennzeichnen wollen, ist das Lesezeichen eine unentbehrliche Markierung auf der Reise durch das Buch.

Eine überdimensionierte Büroklammer aus Karton markiert die Stelle, an der das Buch aus der Hand gelegt wurde. Selbstverständlich kann man auch andere Formen von Lesezeichen nach diesem Muster entwickeln.
Die Form auf den Karton übertragen und ausschneiden. Es empfiehlt sich die Arbeit mit einer Schablone. Den Karton nun bemalen oder mit – vielleicht selbst hergestelltem – Buntpapier beziehen (s. S. 90). Die Linie für den Einschnitt (s. Abb.) aufzeichnen und einschneiden.

Variante

Vorwitzig ragen die Figuren aus dem geschlossenen Buch, fordern ein baldiges Weiterlesen heraus. Dieses Modell eignet sich gut für die Umsetzung thematischer Vorgaben, wie z. B. Figuren aus Märchen, Comics oder Lieblingsbüchern ...
Das Lesezeichen besteht aus zwei Teilen (s. Abb.): Den Kopf oder Oberkörper der Figur auf Karton aufzeichnen, ausschneiden und anmalen. Mit dem Unterteil (in der Form können Sie sich an der Büroklammer orientieren) verfahren die Kinder genauso. Bei beiden Stücken Vorder- und Rückseite bemalen. Nun den Kopf mit Kleber fixieren. Danach mit Klarlack behandeln.

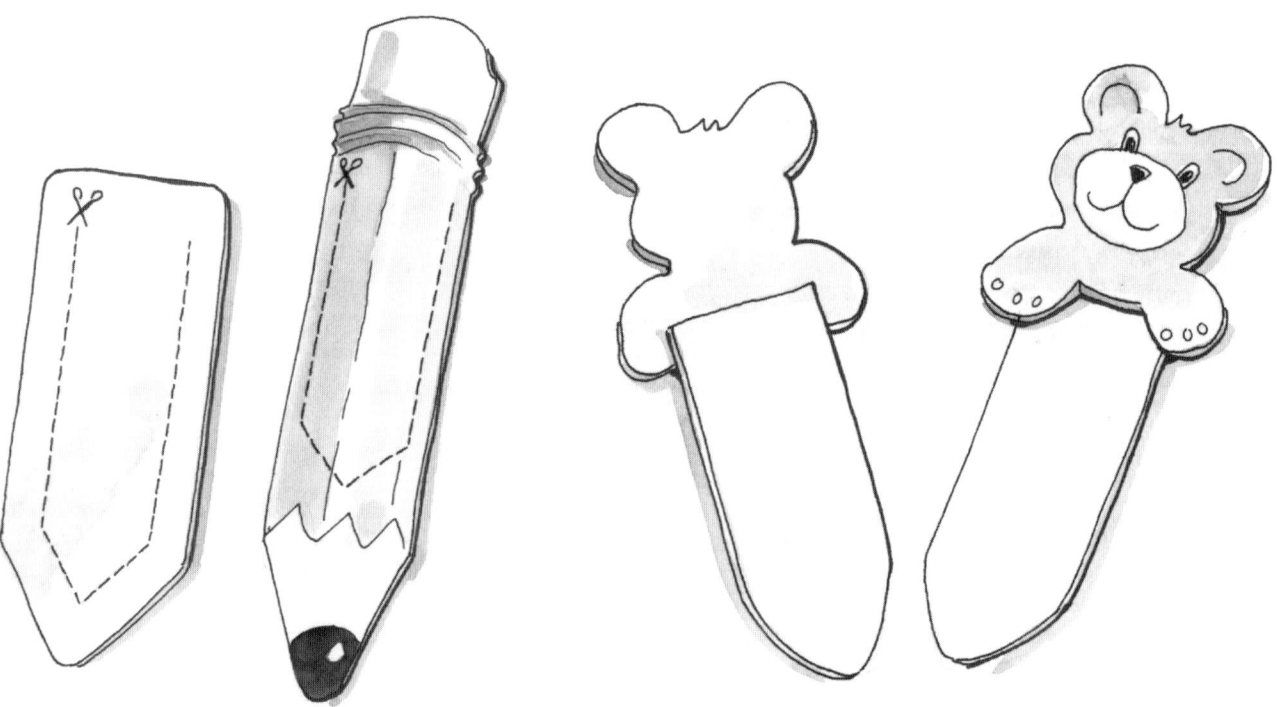

Holzwerkstatt

Wandtafel

Die kleine Wandtafel eignet sich zum Notieren wichtiger Termine und Besorgungen und schmückt ganz nebenbei auch noch das Zimmer.

Das gewünschte literarische Motiv auf das Sperrholz zeichnen. Das Holz mit einer Schraubzwinge am Tisch befestigen. Nun sägen die Kinder das Motiv entlang der Linien mit einer Laubsäge aus. Falls sie sich für eine Papp-Tafel entschieden haben, können sie auch ein Schneidemesser verwenden. Bei beiden Materialien die Kanten mit Schleifpapier glätten. Jetzt die Kreideablage am unteren Rand der Tafel anbringen, indem die Holzleiste in der gewünschten Länge abgesägt und mit der schmalen Seite gerade auf das Holz geklebt wird. Nun ein Loch oben – für die Aufhängung – und eines rechts oder links unten – für den Schwamm – bohren.

Die Kinder streichen die Vorderseite und den Rand mit dem breiten Pinsel zweimal mit Schultafellack (Farbe immer ganz trocknen lassen). Die Kreideablage können sie auch farbig anlegen. Natürlich lassen sich auch andere Teile der Tafel mit bunten Lackfarben verzieren. Mit einer Kordel den Schwamm am seitlichen Loch festbinden. Fertig!

Material: Sperrholz (ca. 35 x 45 cm x 4 mm) oder starke Pappe (2 mm), Laubsäge, Schraubzwinge, Schneidemesser, Schere, Holzleiste (14 x 18 mm), schwarzer Schultafellack, verschiedene Lackfarben, feines Schleifpapier, breiter Pinsel, feiner Pinsel, Holzleim, Alleskleber für Tafel aus Pappe, Bohrer, Bleistift, Kreide, evtl. kleiner Schwamm und Kordel
Alter: ab 7 Jahren
Teilnehmerzahl: 1 – 10 Kinder
Dauer: mind. 2 Stunden

Literarische Anstecknadeln

Material: Sperrholz (2 – 3 mm stark), Broschennadeln, Wasser- oder Plakafarben, dünne Pinsel, feines Schleifpapier, Klarlack, Alleskleber oder Heißklebepistole, Laubsäge, Schraubzwinge, Bleistift, Papier, Durchschlagpapier
Alter: ab 7 Jahren
Teilnehmerzahl: 1 – 10 Kinder
Dauer: ca. 1 $1/2$ Stunden

Wer schmückt sich nicht gerne mit seinem bevorzugten Kinderbuchhelden oder den Initialen seines Namens? Ob kleine Meerjungfrau, Tigerente oder Buchstaben – Motive für literarische Anstecknadeln gibt es genug!
Eine Seite des Sperrholzes mit weißer Farbe grundieren, damit später die Bemalung besser zur Geltung kommt. Eine Figur zunächst auf Papier entwerfen, von den Umrissen her möglichst einfach, damit das Aussägen nicht so mühsam wird. Auf das Sperrholz zeichnen; zum Übertragen kann auf Durchschlagpapier zurück gegriffen werden. Das Holz mit der Schraubzwinge am Tisch befestigen. Mit der Laubsäge entlang der Linie aussägen und den Rand mit feinem Schleifpapier abschleifen. Die Kinder bemalen nun die Figur mit Wasser- oder Plakafarben. Zuletzt lackieren sie die Brosche – nach dem Trocknen – mit Klarlack und kleben eine Anstecknadel auf die Rückseite.

Variante Namensanstecker
Mit schwarzem Filzstift den Namen auf kleine, unlackierte Bleistiftstummel schreiben. Anschließend mit Klarlack überziehen und Broschennadel ankleben.

Buchstützen

Die Spanplatten an den Oberflächen und Kanten glatt schleifen. Die zwei Bretter im rechten Winkel miteinander verbinden. Dazu die Stirnseite eines Brettes mit Holzleim bestreichen und an die Schmalseite des anderen pressen (s. Abb.). Zusätzlich verstärken die Kinder die geleimte Stelle, indem sie in regelmäßigem Abstand zwei bis drei kleine Nägel einschlagen. Den Vorgang mit den beiden anderen Spanplatten wiederholen.

Die Buchstützen können nun bemalt und lackiert werden. Nach einer Skizze, zunächst auf Papier angefertigt, wird die Vorlage auf das Sperrholz – evtl. mit Hilfe von Durchschlagpapier – übertragen. Das Sperrholz mit der Schraubzwinge fixieren, die gewünschten Figuren oder Formen aussägen, mit Schleifpapier bearbeiten und anmalen. Die Farben kommen besser zur Geltung, wenn das Holz vorher weiß grundiert wird.

Danach werden alle Teile der Buchstütze lackiert. Nach dem Trocknen bringen die Kinder die Figur im Winkel der Buchstütze in die gewünschte Stellung und markieren mit Bleistift die Stellen, an denen sie mit Heißkleber befestigt werden soll. Überschüssigen Kleber nach dem Austrocknen vorsichtig mit einem Schneidemesser entfernen.

Material: Sperrholz (3 – 4 mm), 4 kleine Spanplatten (0,8 mm x 15 cm x 11 cm), Laubsäge, Schleifpapier, Schraubzwinge, kleine Nägel (ca. 2,5 cm lang), Hammer, Holzleim, Bleistift, Durchschlagpapier, Papier, Wasser- oder Deckfarben, Pinsel, Klarlack, Heißklebepistole, Schneidemesser
Alter: ab 7 Jahren
Teilnehmerzahl: 1 – 10 Kinder
Dauer: ca. 2 – 3 Stunden

Schreibunterlage

Material: Sperrholz (4 mm), Schablonen aus Pappe in DIN-A4 oder DIN-A5, Schleifpapier, Schraubzwinge, Flügelschrauben, passende Muttern (4 mm), passende Beilegscheiben, Holzleiste (5 – 6 mm), Laubsäge, Bohrer (4 mm), Papier, Bleistift, Locher, farbige Holzbeize, Wasserfarben, Schmuckpapier, Kleister, Klarlack, Fotokopier- oder Schreibmaschinenpapier
Alter: ab 7 Jahren
Teilnehmerzahl: 1 – 10 Kinder
Dauer: ca. 2 Stunden

Verteilen Sie die von Ihnen vorbereiteten Schablonen. Die Kinder legen diese im gewünschten Format auf das Sperrholz auf, fahren mit dem Bleistift die Kanten nach und sägen das Brettchen mit der Laubsäge aus. Jetzt messen sie die Holzleiste in der Länge der Schmalseite ab und sägen sie entsprechend zu.

Je nach Größe der Schreibunterlage, DIN-A4 oder DIN-A5, ein entsprechend großes Blatt an der Schmalseite in der Mitte lochen, auf die Holzleiste auflegen, die Lochung mit dem Bleistift markieren und durchbohren. Die Leiste dann auf das Brett legen, wiederum die Löcher mit dem Bleistift nachfahren und durchbohren.

Im Anschluss schleifen die Kinder die Kanten und Oberflächen von Brett und Leiste glatt. Sowohl das Brett als auch die Leiste können nun verziert werden, sei es durch Bemalen, mit farbiger Holzbeize, Bekleben mit selbst hergestelltem Buntpapier, Zeitungs- oder Zeitschriftenausschnitten, Fotokopien aus Büchern, o. Ä. Zum Schutz empfiehlt sich in jedem Fall eine Lackierung.

Etwa 20 Notizblätter in der passenden Größe für die Schreibunterlage lochen und zwischen Brett und Leiste einlegen. Nun vorne die Flügelschrauben durch die Lochungen führen und hinten mit der entsprechenden Mutter sowie einer Beilegscheibe fixieren. So lassen sich die Blätter jederzeit erneuern.

Werkstatt mit unterschiedlichen Materialien

Stempel

Diese ganz persönlichen Stempel lassen sich relativ leicht herstellen und sind daher auch für jüngere Kinder geeignet.

Die Motive können je nach Thema variieren: literarische Vorlagen, Muster und Symbole, einzelne Buchstaben oder Namen. Bei letzteren ist darauf zu achten, dass diese spiegelverkehrt angebracht werden. Ein Handspiegel hilft dabei. Für die beiden folgenden Variationen zur Stempelherstellung müssen die Holzklötzchen mit Schleifpapier glatt abgeschliffen werden. Denn die Vorlage hält besser auf einem glatten Untergrund.

Material: Holzklötzchen (ca. 8 x 4 x 3 cm), Schleifpapier, Kleber, Bleistift, Kugelschreiber, Schere, Schneidemesser, Schere, Gummiringe, Moosgummi oder alter Fahrradschlauch, Stempelkissen, Papier, Handspiegel
Alter: ab 6 Jahren
Teilnehmerzahl:
1 – 25 Kinder
Dauer: ca. 30 Minuten

Stempel aus Moosgummi oder Fahrradschlauch

Das Motiv auf Papier vorzeichnen, dann mit Bleistift oder Kugelschreiber auf den Moosgummi oder ein Stück Fahrradschlauch – eventuell mit Durchschlagpapier – übertragen. Mit der Schere oder dem Schneidemesser ausschneiden. Die Vorlage auf der Rückseite mit Klebstoff bestreichen, auf der dafür vorgesehenen Seite des Holzklötzchens anbringen gut andrücken und trocknen lassen – fertig!

Wer sorgfältig arbeitet und gut mit dem Schneidemesser umgehen kann, dem gelingen zwei Stempel in einem: Positiv und Negativ. Gerade bei Mustern und eher grafischen Vorlagen kann dies sehr reizvoll sein.

Stempel aus Gummiringen

Bei diesen Stempeln kommt es weniger auf Fläche, sondern mehr auf die Kontur an. Auch hier wird das Motiv zuerst auf Papier entworfen, dann aber direkt auf das Holzklötzchen übertragen. Der oder die Gummiringe nun an die Zeichnung anpassen, d. h. an die Konturen anlegen und in der entsprechenden Länge abschneiden. Entlang der Linie tragen die Kinder Kleber auf und legen das Gummistück an. Sie halten es solange fest, bis es in der gewünschten Form bleibt. Dies ist besonders bei runden Formen zu beachten, die ein wenig Fingerspitzengefühl und Geduld erfordern.

Exlibris

Material: Papier, Bleistift, Radiergummi, schwarze Fineliner, Schere, Lineal, Bunt- oder Filzstifte, Kleber, Kopierer
Alter: ab 6 Jahren
Teilnehmerzahl: 1 – 30 Kinder
Dauer: ca. 1 Stunde

„Wer dies puech behalt, des Hand verfallt" – seit es gedruckte Bücher gibt, weisen solche Exlibris (lat. „aus den Büchern") darauf hin, wem das Buch gehört oder aus wessen Bücherei es entliehen ist. Jeder, der das Buch aufschlägt, weiß außerdem sofort, dass er es mit einem echten Buchliebhaber zu tun hat und wird daran erinnert, das ausgeliehene Buch wieder zurückzugeben!

Nachdem die Kinder Größe und Format des Exlibris festgelegt haben, wird der äußere Rahmen auf das Papier übertragen. Sie können aber auch bereits zugeschnittene, kleine Blättchen vorbereiten. Nun beginnt die Gestaltung. Dabei müssen die Kinder darauf achten, dass genügend Platz für den Schriftzug „Exlibris" und den Namen des Buchbesitzers sowie für Ornamente und Zeichnungen, die möglicherweise auf besondere Vorlieben des Besitzers hinweisen, ist. Zeigen Sie den Kindern vorab einige besonders schöne Beispiele!

Reicht die Zeit zur Herstellung eines individuell gestalteten Exlibris nicht aus, können Sie den Kindern Vorlagen aus Büchern geben. Diese werden von Ihnen kopiert und von den Kindern ausgemalt.

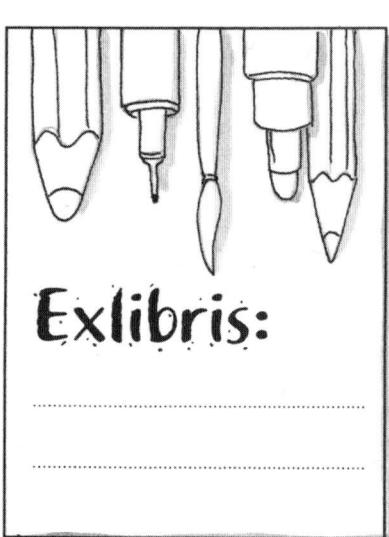

Tierische Spitzer

Vor dem Modellieren müssen die Kinder die Form des selbst gemachten Spitzers überlegen. Dies vor allem auch im Hinblick darauf, wo sich
der Spitzer am günstigsten platzieren lässt, damit die Spitzerreste nach
unten herausfallen können. Die Modelliermasse durch Kneten in die
gewünschte Form bringen. Bevor der Anspitzer, mit der Klinge nach unten, eingepasst wird, muss an der dafür vorgesehenen Stelle mit einem
kleinen Messer ein wenig von der Knetmasse entfernt werden. Nun
überprüfen die Kinder, ob die Klinge auch wirklich frei liegt, schließlich
soll der tierische Spitzer funktionieren.

Die Oberfläche mit Wasser glätten und möglicherweise vorhandene Fu-
gen und Falten verstreichen. Nun muss das Ganze nur noch trocknen;
schneller geht das im Backofen bei 150 °C (ca. 30 – 40 Minuten trocknen). Nun können die Kinder den Spitzer bemalen und lackieren.

Material: Lufttrocknen-
de Modelliermasse,
einfacher Metall-
anspitzer, kleines
Messer, Wasser- oder
Plakafarben, Pinsel,
Klarlack
Alter: ab 6 Jahren
Teilnehmerzahl:
1 – 15 Kinder
Dauer:
ca. 1 – 1 1/2 Stunden

Geheimschriften

Material: Papier, Kleber, harter und weicher Bleistift, Kugelschreiber, weicher, größerer Pinsel, Grafitpulver (im Baumarkt erhältlich), Zitrone, Zucker, Wasser, Tuschefeder
Alter: ab 7 Jahren
Teilnehmerzahl: 1 – 20 Kinder
Dauer: ca. 1 Stunde

Geheimnisse oder besonders wichtige Mitteilungen sollen nur von Eingeweihten zu lesen sein. Wer die Geheimschrift entziffern will, muss natürlich mit dem Code der Botschaft vertraut sein. Im Folgenden haben wir einige Beispiele für Geheimschriften zusammen gestellt. Das Entwickeln neuer Formen ist eine zusätzliche Herausforderung für alle AgentInnen, DetektivInnen und GeheimniskrämerInnen!

Geheimschrift I
Jeder Buchstabe des Alphabets steht für einen anderen, was zum Beispiel so aussehen kann:
A = Z, B = Y, C = X, D = W ...
Eine weitere Möglichkeit: Buchstaben durch Zahlen ersetzen.

Geheimschrift II
Für jeden Buchstaben steht ein bestimmter Gegenstand, der mit demselben Buchstaben anfängt, also z. B.
A wie Auto, B wie Bonbon, C wie Computer, D wie Drachen, E wie Engel, F wie Fenster, G wie Gurke, H wie Haus ...

oder aber die Buchstaben finden ihre Entsprechung in Zeichen und Symbolen:

A = ✳, B = ♥, C = ☆, D = 🐌, E = ▲, F = ♦, G = ♣, L = ✭ usw.

(Bei diesem Beispiel wurde auf die Symbolschrift ‚Wingdings‘ zurück gegriffen, die bei vielen Computersystemen zur Standardeinstellung gehört.)

Generell gilt, dass jeder Buchstabe möglichst einfach in ein Bildsymbol zu übersetzen sein sollte.

Geheimschrift III

Nebeirhcsegfua sträwkcür driw thcirhcan eid –
Die Nachricht wird rückwärts aufgeschrieben.

Geheimschrift IV

Bleistifte und Kugelschreiber hinterlassen auf dem Papier eine Spur: Sie drücken sich, wenn auch mit bloßem Auge kaum sichtbar, durch. Die Kinder legen zwei Blätter Papier übereinander und schreiben auf das obenliegende Blatt. Achten Sie auf eine weiche Unterlage. Das untere Blatt, auf dem zunächst nichts zu sehen ist, wird vom Empfänger der Geheimbotschaft so entschlüsselt: Das Blatt mit Graphitstaub bestäuben und mit einem weichen Pinsel über das Blatt streichen. Das überschüssige Pulver wird entfernt und die Mitteilung ist sichtbar.

Eine andere Möglichkeit diese Botschaft zu entschlüsseln: Die Kinder schraffieren mit einem weichen Bleistift über den Papierbogen. Hierbei erscheint die Schrift, im Gegensatz zur vorherigen Variante, im Negativ.

> Da Mitte des vorletzten Jahrhunderts kaum 15 % der arbeitenden Bevölkerung Kubas lesen konnten, kam der Zigarrenwickler und Dichter Saturino Martinez 1865 auf die Idee, die Institution des öffentlichen Vorlesers am Arbeitsplatz ins Leben zu rufen. Einer der Arbeiter wurde zum Vorleser bestimmt, die anderen bezahlten ihn dafür aus eigener Tasche. Auf den Lesestoff hatten sich die Arbeiter zuvor geeinigt: Er reichte von politischen Traktaten und historischen Abhandlungen bis hin zu Romanen und Gedichtsammlungen der Klassik und Moderne. Der Graf von Monte Christo von Dumas genoss z. B. eine solche Popularität, dass eine Gruppe von Arbeitern eine Zigarrensorte nach ihm benennen wollte. Im Jahre 1870, kurz vor dem Tod des Autors, baten sie Dumas schriftlich um Erlaubnis. Er willigte ein.
> Das Zuhören machte den Arbeitern in den Tabakfabriken die mechanische, stumpfsinnige Arbeit des Wickelns der Tabakblätter erträglicher. Arbeiter, die etliche Jahre in den Fabriken zugebracht hatten, waren in der Lage, lange Gedichte und sogar Prosatexte auswendig zu sprechen.
> (vgl. Manguel, Alberto: Eine Geschichte des Lesens, Berlin 1998 S. 134 f.)

Botschaften mit Geheimtinten

Altbewährt, aber nicht allbekannt: unsichtbare Tinte aus Zitronensaft. Die Zitrone ausdrücken, in den Saft eine Tuschefeder oder dünnen Pinsel tauchen und auf einem möglichst weichen und saugfähigen Blatt Papier eine Nachricht hinterlassen. Die Geheimschrift vor der Glühbirne oder einer Kerze (Achtung: Feuergefahr) vorsichtig erwärmen, bis sie lesbar ist. Wem das zu lange dauert, kann auch ein Bügeleisen benutzen! Ist keine Zitrone zur Hand, kann man auch Zuckerwasser verwenden.

Bilderrätsel

Material: weißes Papier, Bleistift, Radiergummi, Schere, schwarze Fineliner für Schwarz-weiß-Vorlagen, Bunt-oder Filzstifte für farbige Illustrationen, Grafikvorlagen, Zeitungen und Zeitschriften, Kleber
Alter: ab 7 Jahren
Teilnehmerzahl: 1 – 10 Kinder
Dauer: mind. 45 Minuten

Eine spezielle Form des Bilderrätsels ist der Rebus (lat.: „durch Sachen" etwas erklären), eine Kombination aus verschiedenen Bildern. Da sich nicht alle Begriffe bildlich darstellen lassen, ergänzt man den Rebus um:

- einzelne Wörter oder Buchstaben,
- Begriffe, die selber wieder Wörter enthalten, z. B.(P)reis oder (Pr)eis,
- Wörter, bei denen einzelne Buchstaben eingefügt, weggelassen oder ausgetauscht werden,
- Wörter, bei denen einzelne Buchstaben ausgestrichen werden,
- Wörter, bei denen die Reihenfolge der Buchstaben durch Kennzeichnung mit Ziffern verändert wird.

Wichtig ist, dass bildhafte Elemente oder Symbole vorhanden sind, die je nach Vorgabe entsprechend mit Buchstaben oder Text angereichert werden, um auf des Rätsels Lösung zu kommen. Die Entwicklung solcher Denksportaufgaben fordert nicht nur den Erfindergeist heraus, die Entschlüsselung der Botschaften macht auch sehr viel Spaß!

Die Bilderrätsel können gezeichnet werden, oder aber es wird auf bereits bestehende Vorgaben wie etwa Cliparts, Illustrationsvorlagen in entsprechenden Büchern oder Zeitschriften zurückgegriffen.

Auflösung: Arm wie eine Kirchenmaus!

Programmbausteine III
Spiele rund ums Buch
Knobeln, Feiern und Erfinden

Käpt'n Ahab erzählt – Seemannsgarn spinnen

Kamen die Seemänner von großer Fahrt zurück, gab es viel zu erzählen, wobei sie es mit der Wahrheit nicht immer ganz genau nahmen. Dieses Spiel wendet sich an junge Seebären, die Spaß daran haben Seemannsgarn zu spinnen und abenteuerlichen Erzählungen zu lauschen ...

Bevor es losgeht, werden Backbord, Steuerbord, Bug und Heck des Schiffes am Boden markiert. Dazu stellen die Kinder in einem Raum vier Stühle auf oder malen draußen mit Kreide am Boden entsprechende Zeichen. Zur Erinnerung: Das Heck befindet sich hinten am Schiff, der Bug vorne, Backbord ist von hinten gesehen links, Steuerbord rechts.

Alle MitspielerInnen gehen an Bord des Schiffes und nehmen dazu innerhalb der Markierungen auf dem Boden Platz. Sie versammeln sich um eine ErzählerIn, z. B. den alten, weitgereisten Kapitän Ahab, den Sie als SpielleiterIn verkörpern. Beginnen Sie eine abenteuerliche Geschichte aus Ihrer aufregenden Seefahrerzeit zu erzählen und scheuen Sie sich dabei nicht dick aufzutragen. Nach fünf bis zehn Sätzen erwähnen Sie eine der vier Schiffsseiten, wie z. B.: *Plötzlich enterten die Piraten unser Schiff, wir hatten entsetzliche Angst und nur noch einen Gedanken: Am Heck liegt das Rettungsboot, damit können wir uns in Sicherheit bringen.*

Sobald der Begriff „Heck" fällt, müssen sich alle MitspielerInnen so schnell wie möglich an die entsprechende Markierung begeben. Der oder diejenige, die es zuletzt geschafft hat, wird neuer Kapitän und muss die Geschichte weiter erzählen, bis erneut eine der vier Schiffsseiten erwähnt wird ...

Material: –
Alter: ab 6 Jahren
Teilnehmerzahl:
5 – 20 Kinder
Dauer: ca. 20 Minuten

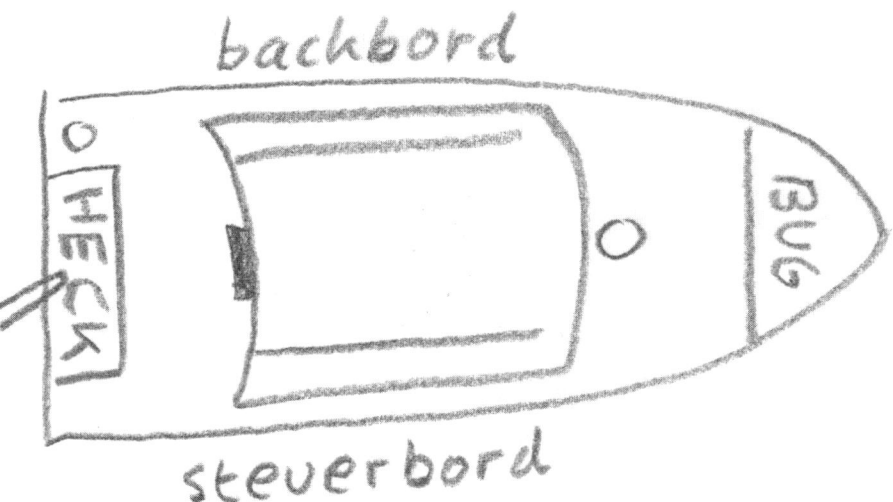

Rotkäppchen ging in den Wald – Knobelspiel

Material: –, evtl. Seil
Alter: ab 6 Jahren
Teilnehmerzahl:
10 – 50 Kinder
Dauer: ca. 15 Minuten

Mindestens zehn MitspielerInnen sind für dieses Märchenspiel erforderlich. Die Spielregeln dürften den meisten bekannt sein: Wie beim Knobeln versucht eine Gruppe die andere durch Darstellung einer bestimmten Figur zu übertrumpfen. Beim herkömmlichen Knobeln mit den Symbolen „Stein", „Schere" und „Papier" gelten folgende Regeln: Stein schleift Schere – Stein gewinnt, Schere verliert; Schere schneidet Papier – Schere gewinnt, Papier verliert; Papier wickelt den Stein ein – Papier gewinnt, Stein verliert. Es wird drei Mal hintereinander geknobelt. Gewonnen hat, wer zwei von drei Malen SiegerIn war.

Achten Sie bei der Auswahl der Symbole auf Ausgewogenheit, wenn Sie das klassische Knobelspiel auf Märchen oder Fabeln übertragen. Jedes Symbol soll einmal stärker und einmal schwächer sein als die anderen.

Bei Rotkäppchen sieht das so aus:

Der Wolf frisst die Großmutter. – Der Wolf gewinnt, die Großmutter verliert.

Der Wolf wird vom Jäger erschossen. – Der Jäger gewinnt, der Wolf verliert.

Der Jäger wird von der Großmutter, der Oberforsträtin, entlassen. – Die Großmutter gewinnt, der Jäger verliert.

Teilen Sie die Kinder in zwei gleich große Gruppen auf. Beide Teams bilden eine Reihe und stellen sich in zwei bis drei Metern Entfernung einander gegenüber auf. Einige Meter und gleich weit von beiden Gruppen entfernt wird ein Mal gezogen oder mit einem Seil markiert. Die beiden Gruppen besprechen leise, welche der drei Rollen sie auf ein Zeichen hin pantomimisch darstellen wollen. Wie die Gruppen die jeweiligen Personen in Szene setzen, bleibt ganz ihrer Fantasie überlassen. Die andere Gruppe muss aber eindeutig erkennen können, um wen es sich handelt, z. B. nimmt die Großmutter eine gebückte Körperhaltung ein und stützt sich auf einen imaginären Krückstock; der Jäger legt seine Flinte an; der Wolf zeigt seine Krallen und brüllt ganz fürchterlich. Die Gruppe, die nach dem Kommando des Spielleiters das stärkere Symbol zeigt, versucht möglichst viele der davonlaufenden GegenspielerInnen vor Erreichen des Mals zu fangen. Wer gefangen worden ist, spielt anschließend bei der anderen Gruppe mit.

Die ersten Papierhersteller der Welt sind die **W**espen. Aus morschem Holz, das sie mit ihrem Speichel zu einem Brei vermengen, bauen sie ihr Nest. Ist die Masse getrocknet, dann ist sie Papier oder Karton sehr ähnlich. Der Überlieferung nach beobachteten die Chinesen Wespen beim Nestbau und kamen so – bereits vor 2000 Jahren – auf die Idee selbst Papier herzustellen. (vgl. Limousin, Odile: Die Geschichte vom Papier, Ravensburg 1985)

Let's have a party! –
Kinderbuchfiguren geben sich ein Stelldichein

Die Kinder schreiben eine ihnen bekannte Kinderbuchfigur gut leserlich auf einen Zettel oder eine Karteikarte. Mischen Sie die Zettel und heften Sie sie mit Tesa oder Niveacreme auf die Stirn der MitspielerInnen – aber so, dass niemand weiß, welcher Name die eigene Stirn ziert. Jetzt geht die Party richtig los. Bei dezenter Hintergrundmusik aus dem Kassettenrekorder und einem Glas Saft flanieren die illustren Partygäste im Raum herum und müssen durch geschicktes Fragen herausfinden, wer sie sind. Dabei dürfen die Fragen nur mit »ja« oder »nein« beantwortet werden. Kommt zum dritten Mal die Antwort »nein«, muss ein anderer Partygast befragt werden. Dieses Spiel hat sich als Kennenlern- oder Einstiegsspiel bestens bewährt.

Material: Zettel, Stifte, Tesafilm oder Niveacreme, evtl. Gläser, Saft, Kassettenrekorder, Musikkassette
Alter: ab 8 Jahren
Teilnehmerzahl:
5 – 20 Kinder
Dauer:
ca. 15 – 20 Minuten

Geschichten aus dem Hut gezaubert

In einem Hut – je größer und unergründlicher desto besser – haben sich ein paar Geschichten versteckt. Von diesen Geschichten sind allerdings nur noch ein paar Worte und Begriffe übrig geblieben. Überdies ist natürlich alles durcheinander.
Vor dem Spielbeginn beschriften Sie ca. 15 Kärtchen pro Kind mit verschiedenen Begriffen (Substantiven), die inhaltlich aufeinander abgestimmt sein können, aber nicht müssen. Selbstverständlich können die TeilnehmerInnen diese Aufgabe auch selbst übernehmen. Die Zettelchen werden in den Hut gelegt und gut gemischt. Der erste Spieler zieht mit geschlossenen Augen ein Kärtchen und beginnt mit dem darauf stehenden Begriff eine Geschichte zu erzählen. Fällt ihm nichts mehr ein, zieht die nächste MitspielerIn einen Begriff und setzt damit die Geschichte fort. Wie lang, spannend oder lustig die Geschichte wird, hängt ganz von den Ideen und der Fabulierlust der TeilnehmerInnen ab.

Material: Hut oder selbst gebastelter Papphut, kleine Zettelchen oder Kärtchen, Stifte
Alter: ab 6 Jahren
Teilnehmerzahl:
10 – 20 Kinder
Dauer: ca. 15 Minuten

Variante
Für kleinere Kinder, die sich mit dem Lesen noch schwer tun, werden Zeichnungen, Fotos oder Memorykärtchen in den Hut gelegt.

Xylographie oder Holzschnitt nennt sich ein Hochdruckverfahren, bei dem eine Zeichnung erhaben aus einer Holzplatte herausgeschnitten und nach Einfärben gedruckt wird. Bereits seit dem 4. Jhd. wurden holzgeschnittene Stempel (Modeln) zum Bedrucken von Stoff oder Tapeten verwendet. Gegen Ende des 14. Jahrhunderts setzte mit der Verbreitung des Papiers die Entwicklung des Holzschnitts als Bilddruck ein. Wenig später entstanden die so genannten Blockbücher: Den Bildern waren auf einer Holzplatte Texte hinzugefügt, die einzelnen Drucke wurden zu Büchern verbunden. Mit der Erfindung des Buchdrucks gewann der Holzschnitt als Illustrationsmittel noch an Bedeutung. Bekannte Künstler, die dieser Kunstgattung zu weiterem Ansehen verhalfen, waren unter anderem Albrecht Dürer, Lucas Cranach, Hans Holbein und Tizian.
(vgl. Meyers großes Taschenlexikon, Band 10, Mannheim 1992, S. 32)

Spaß haben mit Wörtern und Buchstaben

Buchstaben-Staubsauger

Material: 2 flache Schüsseln oder Wannen, 2 Stühle, Papier, schwarzer Filzstift, Schere, dickere Strohhalme, Tisch oder Bank
Alter: ab 7 Jahren
Teilnehmerzahl: 6 – 20 Kinder
Dauer: ca. 15 Minuten

Bei diesem Spiel geht es darum, aus einzelnen Buchstaben Wörter zusammenzusetzen. Beschriften Sie dazu viele kleine Zettelchen, die maximal 2 x 2 cm groß sein sollten, vorne und hinten mit je einem Buchstaben und legen Sie diese in die zwei Schüsseln. Am wenigsten Arbeit macht es, wenn Sie alle Buchstaben des Alphabets mit schwarzem Filzstift auf ein großes Blatt schreiben, dieses mehrmals beidseitig kopieren und dann alles auseinander schneiden.

Teilen Sie die Kinder in zwei Gruppen auf, die sich hinter einer Startlinie hintereinander aufstellen. Jedes Kind bekommt einen eigenen Strohhalm, Sie rufen das gesuchte Wort, z. B. „Eselsohr" und schon kann es losgehen! Das erste Kind jedes Teams geht zu dem Stuhl, der gleich hinter dem Start postiert ist und auf dem seine Schüssel steht. Mit einem Strohhalm im Mund sucht es den ersten Buchstaben des Lösungswortes, saugt ihn an und trägt ihn mit dem Strohhalm zu einem Tisch, der sich fünf Meter hinter der Ziellinie befindet. Ist der Buchstabe abgelegt, stellt sich die MitspielerIn hinten an und die nächste TeilnehmerIn ist mit dem nächsten Buchstaben an der Reihe. Die Mannschaft, die als erste das Wort beendet hat, bekommt einen Punkt. Und weiter geht es mit dem nächsten Wort.

Die besondere literarische Note geben Sie dem Spiel, wenn die Lösungswörter Personen und Gegenstände rund ums Buch symbolisieren, z. B.:

Buchstabe, Schriftsteller, Lesezeichen, Buch, Bücherwurm, Leseratte, Comic, Bücherregal, Papier, Druckerei, Zeitung, Inhaltsverzeichnis, Bücherei, Übersetzerin, Buchbinder, Autorin, Illustrator, Lektorin, Verleger, Buchhändlerin.

Wer bringt den Gegenstand zuerst?

Setzen Sie sich mit den Kindern in lockerer Runde auf einer Wiese oder in einem Raum zusammen. Eröffnen Sie das Spiel z. B. mit der Frage: „Wer bringt zuerst einen Gegenstand, der mit dem Buchstaben B beginnt?" Alle Kinder stürmen los und versuchen in möglichst kurzer Zeit ein Blatt, eine Blume oder einen Becher zu bringen. Wer als erster seinen Gegenstand abliefert, darf mit zwei bis fünf Sätzen eine kleine Geschichte über sein Fundstück erzählen. Ein Beispiel für den Buchstaben „R" wie Raupe:

Heute morgen, als alle Menschen noch in den Betten lagen und schliefen, spürte ich ein seltsames Kitzeln. Eine dicke, haarige Raupe hatte auf mir Platz genommen und nahm ein Sonnenbad. Plötzlich durchzuckte mich ein heftiger Schmerz: Die Raupe hatte genüsslich in mich hineingebissen. Hilfe! Sie sollte mich nicht ganz auffressen! Ich rüttelte und schüttelte mich so lange, bis die Raupe den Halt verlor und auf den Boden purzelte ...

Sobald die Geschichte zu Ende ist, applaudieren alle MitspielerInnen. Das Spiel geht in die zweite Runde: „Wer bringt zuerst einen Gegenstand, der mit dem Buchstaben Z beginnt?" ...

Material: –
Alter: ab 7 Jahren
Teilnehmerzahl:
4 – 20 Kinder
Dauer: ca. 15 Minuten

Als Ur-Comic-Held gilt der Junge in der von Richard Felton Outcault gezeichneten Comic-Serie, die ab 1895 in der Zeitung „The World" erschien. Die Humorbeilagen der New Yorker Zeitungen zum Wochenende waren meist mehrfarbig. Einzig mit der Farbe Gelb gab es Probleme, die die Techniker von Outcaults Verleger Pulitzer jedoch schließlich lösen konnten. Am 16. Februar 1896 wurde dies der Öffentlichkeit mit dem knallgelb bedrucktem Nachthemd des kahlköpfigen New Yorker Gassenjungen demonstriert, und das vorher namenlose Kind hieß nun The Yellow Kid. Später leitete sich hieraus die amerikanische Bezeichnung für den trivialen Sensationsjournalismus der „Yellow press" ab („Gelbe Presse", Boulevardpresse), die sich mit Klatsch, Skandal, Verbrechen und Sport befasst.
(vgl. Budde, Martin: 100 Jahre Comics, in: Eselsohr, 3 / 96, S. 34)

Sei so nett, mach mir das Z! – Buchstaben mit dem Körper bilden

Material: -
Alter: ab 7 Jahren
Teilnehmerzahl: 10 bis 20 Kinder
Dauer: ca. 15 Minuten

Begnadete Körper sind für dieses Spiel nicht unbedingt nötig. Ein wenig Geschicklichkeit, Balancegefühl und Beweglichkeit allerdings sollten die Kinder schon haben, wenn sie Buchstaben mit dem Körper darstellen.

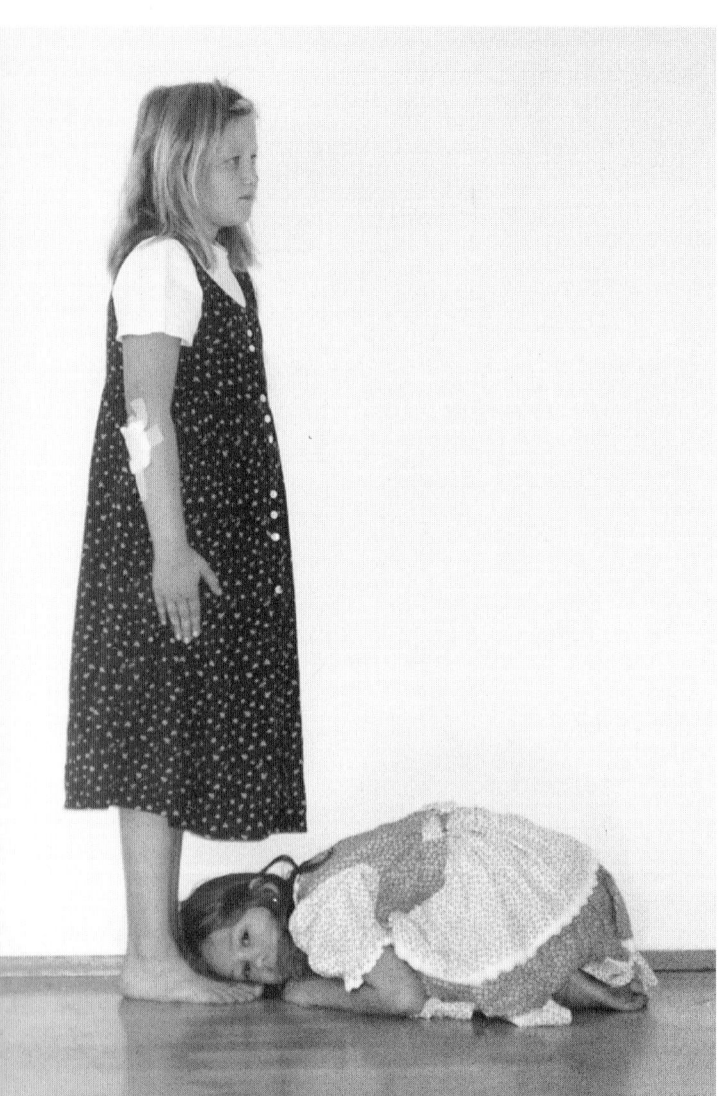

Beginnen Sie mit einem kleinen Training, indem Sie den Kindern Tipps geben, wie sie die Buchstaben des Alphabets mit dem Körper bilden könnten (s. Abb.). Einige Buchstaben, wie das I oder L, lassen sich leicht von einer Person bewältigen. Soll dagegen ein Q oder M dargestellt werden, ist der Einsatz mehrerer TeilnehmerInnen gefragt.

Nun beginnt das Spiel: Bilden Sie zwei Gruppen, die abwechselnd Buchstaben darstellen und Buchstaben erraten. Geben Sie einem Team einen einfachen Begriff wie Hut oder Oma vor. Nach einer kurzen Absprache, wer bei welchem Buchstaben mitspielt, werden die Buchstaben von den Kindern in der richtigen Reihenfolge vorgeführt. Bei korrekter Körperhaltung der Buchstaben-DarstellerInnen ist es für die andere Mannschaft nicht allzu schwer das gesuchte Wort zu entziffern.

Ich sehe was, was du nicht siehst! ... Und das fängt mit A an

Material: –
Alter: ab 6 Jahren
Teilnehmerzahl: 2 – 20
Dauer: ca. 15 Minuten

Vor Spielbeginn suchen sich alle MitspielerInnen einen Gegenstand im Raum aus, der mit einem bestimmten Buchstaben beginnt. Der erste Spieler fragt die Runde: „Ich sehe was, was ihr nicht seht, und das fängt mit G an!" Die anderen Kinder raten der Reihe nach, um welchen Gegenstand es sich wohl handeln könnte. Das können Sachen im Raum, aber auch Kleidungsstücke sein. Wer den gesuchten Gegenstand errät, stellt die nächste Frage, in der ein anderer Buchstabe an die Reihe kommt. Sollte niemand der Sache auf die Spur kommen, blickt die FragestellerIn einmal kurz in die Richtung, in der sich der Gegenstand befindet. Dann dürfte es nicht mehr schwer sein, das Geheimnis zu lüften.

Der Schatz im Wörtersee –
Die Suche nach untergegangenen Wörtern

Material: Planschbecken, große Wanne oder Schüssel, kleine Pappschildchen, Schere, Magnetfolie, Kleber, Stifte, Angeln mit Magnet, „Kleines Lexikon untergegangener Wörter"

Alter: ab 8 Jahren

Teilnehmerzahl: 2 – 10 Kinder

Dauer: ca. 15 Minuten

Auf dem Grund einer Plastikbadewanne oder eines Planschbeckens „schwimmen" Wörter aus längst vergangenen Zeiten. Die altmodischen Wörter entnehmen Sie bitte dem Buch von Nabil Osman: „Kleines Lexikon untergegangener Wörter" (München 1998). Darin sind jene Wörter verzeichnet, die seit dem Ausgang des 18. Jahrhunderts allmählich aus der deutschen Sprache verschwunden sind. Diese Wortschätze gilt es nun mit Geschick zu angeln.

Schreiben Sie dazu zunächst die Worte auf Pappschildchen, auf deren Unterseite Sie Magnetfolie kleben. Gestalten Sie den Grund des imaginären Sees mit Sand, Steinen und Muscheln aus dem letzten Urlaub und verteilen Sie die Schilder in der Wanne. Nun beginnt das Angeln. Sobald ein Wort herausgefischt worden ist, muss die Anglerin erraten, welche Bedeutung dieser Begriff früher hatte. Bei einigen Wörtern ist das kinderleicht, z. B. dem Begriff „fährlich", das soviel bedeutete wie das heutige „gefährlich". Doch wer weiß schon, was eine „Tändelwoche" ist, was man unter „Brast" versteht und was „zwagen" heißen sollte?

Variante:

Ähnlich wie bei den Geschichten aus dem Hut (s. S. 111) können Sie die Pappschildchen mit Wörtern beschriften, aus denen die Kinder eine Geschichte entwickeln sollen.

Zeitungslieder waren gedruckte Neuigkeiten in Versform, meist in siebenzeiligen Strophen, die im 16. und 17 Jh. von Zeitungssängern öffentlich vorgetragen und anschließend verkauft wurden. Sie richteten sich besonders an untere Schichten, denen sie neben dem Wissen über Unglücksfälle und Verbrechen (mit genauer Orts-, Zeit- und Personenangabe) auch die nötigen Gefühlsreize des Grauens boten, verhüllt von einem religiösen Deckmantel. Diese Vortragsweise geht später in den Bänkelgesang über und bildete eine Vorstufe der Volksballaden. (vgl. Wilpert, Gero von: Sachwörterbuch der Literatur, Stuttgart 1979, S. 582)

Wortscharaden

Material: kleine Kärtchen, Stift

Alter: ab 8 Jahren

Teilnehmerzahl: 10 – 20 Kinder

Dauer: ca. 15 Minuten

Schreiben Sie zusammengesetzte Substantive auf einzelne Zettel. Achten Sie auf einen ausgewogenen Schwierigkeitsgrad. Und dass sie gut pantomimisch umgesetzt werden können. Beispiele:
Wirbel-Sturm, Gespenster-Schloss, Burg-Tor, Zauber-Wald, Zauber-Trank , Drachen-Höhle, See-Mann, See-Fahrt, Schatz-Insel, Gold-Schatz, See-Not, Schiff-Bruch, Schatz-Karte, Flaschen-Post, Piraten-Schiff, Bank-Raub, Groß-Stadt ...
Teilen Sie die Kinder vor Spielbeginn in zwei Teams auf. Je zwei MitspielerInnen einer Mannschaft ziehen ein Wort und müssen es nun darstellen. Dabei ist jedes Kind für einen Teil des Wortes zuständig. Bei der Kurzpantomime deuten die Kinder mit den Fingern an, ob es sich um das erste oder zweite Wort des zu erratenden Begriffes handelt. Hat das gegnerische Team das gesuchte Wort erraten, bekommt die Mannschaft einen Punkt und ist nun an der Reihe, den nächsten Begriff zu spielen. Die Mannschaft mit den meisten Punkten gewinnt.

Literarische Programmbausteine, kunterbunt kombiniert

Tipps und Ideen für thematische Veranstaltungen

Die in den vorausgehenden Kapiteln ausgeführten literarischen Aktionen, Spiele und Bauanleitungen sind eine Fundgrube für die unterschiedlichsten Veranstaltungen rund ums Buch. Wählen Sie aus dem Aktionsrepertoire die passenden Bausteine aus und stellen Sie sich daraus ein literarisches Programm zusammen, das ganz auf Ihre Möglichkeiten und Voraussetzungen abgestimmt ist. Selbstverständlich können Sie auch eine zusätzliche Veranstaltung, wie einen Bücherflohmarkt oder eine Exkursion, mit aufnehmen.

Bitte achten Sie bei der Zusammenstellung der Aktivitäten auf Ausgewogenheit und Vielfalt, damit für alle Kinder etwas dabei ist. Wenn Sie sich zum Beispiel anlässlich eines Aktionsnach-

mittags in einer Bibliothek für drei Aktivitäten entscheiden, ist es sinnvoll ein handwerkliches, ein theatralisches und ein schriftstellerisches Angebot zu kombinieren.

Die Kombinationsmöglichkeiten sind noch weitaus größer, wenn Sie die im Buch skizzierten Aktionsideen thematisch variieren: Das Literaturquiz, in dem exemplarisch Aufgaben und Fragen rund um klassische Abenteuerbücher formuliert sind, lässt sich jederzeit in ein Quiz rund um griechische Sagen, Comics oder Kinderkrimis verwandeln. Steht die Schulprojektwoche unter dem Motto „Märchen", können Sie beinahe alle im Buch vorgestellten Programmbausteine so verändern, dass sie inhaltlich passen. Vergessen Sie dabei nicht den

Aktivitäten einschlägige Titel zu geben. Das Literaturcafé könnte in diesem Fall den Namen „Zu den 7 Geißlein" oder „Aschenbrödels Küche" tragen.

Zur Anregung hier einige Projekttitel aus unserer langjährigen Praxis, die Sie vielleicht dazu animieren, die eine oder andere Idee in die Tat umzusetzen:

- Eine Reise durch die Welt der Abenteuer – In den Fußstapfen von Sindbad, Alice im Wunderland und Tom Sawyer
- Von der Keilschrift zum Computer – Das Buch im Wandel der Zeit
- Nick Knatterton & Co. – Agenten, Schnüffler, Detektive
- Traumhaft – Geschichten aus dem Traumlabor
- Der doppelte Emil, Lottchen und Anton – Erich-Kästner-Schreibwerkstatt
- Hexen, Geister und Vampire
- Geschichten, die das Leben schreibt – Von fremden Menschen und Kulturen
- Sagenhaftes München (oder andere Stadt) – Eine Reise durch die Welt der Sagen
- Kolumbus & Co. – Auf der Spur berühmter Seefahrer und Entdecker
- Kinderverlagshaus Copyright & Co. – Wie ein Buch entsteht
- Manege frei – Literaturzirkus
- Zack, Boom, Bäng – Comicwerkstatt

Welche Vielfalt sich aus der Kombination und Variation einzelner Bausteine dieses Buches ergeben kann, soll Ihnen das Beispiel „Es war einmal – Grimms Märchenland" veranschaulichen.

Beispiel: „Es war einmal ...“ – Grimms Märchenland

„Es war einmal, vor langer Zeit, als das Wünschen noch geholfen hat ...“ So lautet der Anfang vieler Märchen. In dieser Welt wird stets das Böse bestraft und das Gute belohnt. Die Kinder begegnen Riesen und Zwergen, Feen und Zauberern, Prinzessinnen und Prinzen, Hexen und Teufeln. Fantasie und Abenteuer sind vorherrschende Elemente und sie haben einen hohen Stellenwert bei Kindern und Jugendlichen. Es gibt auch moderne Kinderbücher mit ähnlich fantastischen und abenteuerlichen Inhalten, die genauso beliebt sind. Man denke nur an „Die kleine Hexe“, „Die unendliche Geschichte“ oder auch „Pippi Langstrumpf“, mit deren Inhalt Sie die im weiteren Text beschriebenen Programmbausteine ebenso verwirklichen können. Die Verweise in Klammern beziehen sich auf das Register.

Baustein 1: Gestaltung und Dekoration
Statten Sie den Ort, an dem die Aktion stattfinden soll, mit gemalten Kulissen, Requisiten, Bild- und Anschauungsmaterial so aus, dass daraus das Thema deutlich wird. So kann sich in einer Nische das Knusperhäuschen aus „Hänsel und Gretel“ befinden, die nächste Nische den Brunnen aus dem „Froschkönig“ darstellen, irgendwo der dunkle Wald angedeutet sein, in den „Rotkäppchen“ hineingeht usw.

Baustein 2: Programmangebote
Wählen Sie aus den folgenden Aktionen:
- In der Märchenschreibstube werden neue Märchen ersonnen oder alte fortgesetzt (s. Schreibwerkstatt).
- Im Märchen-Café „Zu den 7 Geißlein“ werden Köstlichkeiten aus den Grimm'schen Märchen wie z. B. der „Süße Brei“, „Rapunzel-Gemüse“ oder Zaubertränke aller Art serviert (s. Literaturcafé).
- Das Neueste vom Tage erfährt man aus „Grimms Neueste Nachrichten“ (s. Kinder- und Jugendzeitung).

- Eine Schattentheater-Märchenbühne lädt zu kleineren und größeren Theateraufführungen ein (s. Schattentheater).
- Beim Märchen-Quiz haben die Kinder die Gelegenheit ihre Märchenkenntnisse unter Beweis zu stellen (s. Literaturquiz).
- Eine Rallye lädt zu einem Blick in Märchenbücher ein (s. Bücherdetektivspiel).
- Ein märchenhafter Literaturwanderweg bietet die Gelegenheit mit den Figuren eines oder mehrerer Märchen in Kontakt zu treten (s. Literaturwanderweg).
- Das Märchenmuseum ist ein Sammelsurium an Dingen, die in verschiedenen Märchen eine Rolle spielen oder zu den einzelnen Figuren gehören (s. Literaturmuseum).
- Im Forschungsbüro befragen die LiteraturforscherInnen Kinder und Erwachsene z. B. nach ihren Lieblingsmärchen und nach den Märchen, die ihnen am meisten Angst eingeflößt haben (s. Literaturforschung).

Baustein 3: Werkstattangebote
Wählen Sie aus den folgenden Aktionen:
- Märchenatelier, in dem Bilder oder Objekte für das Märchenmuseum entstehen
- Buchstützen mit Märchenmotiven (s. Buchstützen)
- Ansteckadeln mit Märchenfiguren (s. Literarische Ansteckadeln)
- Märchenkalender (s. Kalender)
- Märchenbücher (s. Bücher binden)
- Lesezeichen mit Märchenmotiven (s. Lesezeichen)
- Märchenbilderrätsel (s. Bilderrätsel)
- Märchen-Exlibris (s. Exlibris)

Baustein 4: Spiele
Wählen Sie aus den folgenden Aktionen:
- Rotkäppchen ging in den Wald – Knobelspiel (Spielanleitung s. S. 110)
- Aus dem Hut gezaubert – Geschichten aus dem Hut (Spielanleitung s. S. 111)
- Let's have a party (Spielanleitung s. S. 111). Märchenfiguren geben sich ein Stelldichein.

Anhang

Literaturverzeichnis

Verwendete und weiterführende Literatur

Baumgartner, Peter: Bücher, Alben, Schachteln selbermachen, Niederhausen 1994

Beck, Harald: Romananfänge. Rund 500 erste Sätze, Zürich 1992

Bonfadelli, Heinz: Lesesozialisation. Band 2. Leseerfahrungen und Lesekarrieren, Gütersloh 1993

Brookfield, Karen: Schrift – von den ersten Bilderschriften bis zum Buchdruck, Hildesheim 1994

Chartier, Roger / Cavallo, Gugliemo (Hg.): Die Welt des Lesens – Von der Schriftrolle zum Bildschirm, Franfurt am Main 1999

Dahrendorf, Malte: Kind und Literatur im gegenwärtigen Deutschland, in: Sachverständigenkommission für den 10. Kinder- und Jugendbericht (Hg): Kulturelle und politische Partizipation von Kindern. Kulturarbeit für und durch Kinder – Interessenvertretung. Materialien zum 10. Kinder- und Jugendbericht (Band 3), München 2000

Dahrendorf, Malte: Leseförderung in der Frühphase, in: JuLit1 / 98, S. 7

Dempwolf, Gertrud: Lesen bleibt unbestreitbare Kulturtechnik, in: JuLit 4 / 98, S. 12

Gate, Helene / Hägglund, Kent: Bühne frei. Theaterspielen von der Idee bis zur fertigen Vorstellung, Mödling 1991

Harmgarth Friederike (Hg.): Lesegewohnheiten – Lesebarrieren. Schülerbefragung im Projekt „Öffentliche Bibliothek und Schule – neue Formen der Partnerschaft", Gütersloh 1997

Hurrelmann, Bettina / Hammer, Michael / Nieß, Ferdinand: Lesesozialisation, Band 1. Leseklima in der Familie, Gütersloh 1993

Hurrelmann, Bettina: Lese- und Mediengewohnheiten im Umbruch – Eine pädagogische Herausforderung. In: Lesen im Umbruch – Forschungsperspektiven im Zeitalter von Multimedia, Bonn 1999

James, Peter / Thorpe, Nick: Keilschrift, Kompass, Kaugummi – eine Enzyklopädie der frühen Erfindungen, Zürich 1998

Jansohn, Christa: Das Buch zum Buch, Leipzig 1998

Jean, Georges: Die Geschichte der Schrift, Ravensburg 1991

Köcher, Renate: Familie und Lesen. Eine Untersuchung über den Einfluss des Elternhauses auf das Leseverhalten, in: In Sachen Lesekultur, Bonn 1991

Kultur und Spielraum (Hg.): Kulturpädagogisches Lesebuch 4, Teil 1. Die neue Kinder-und Jugendkulturarbeit, München 1988

LaPlantz, Shereen: Buchbinden. Traditionelle Techniken, experimentelle Gestaltung, Bern 1996

Manguel, Alberto: Eine Geschichte des Lesens, Berlin 1998

Mast, Claudia: ABC des Journalismus – Ein Leitfaden für die Redaktionsarbeit, Konstanz 1998

Michalski, Ute und Tilman: Werkbuch Papier, Ravensburg 1991

Nold, Wilfried: Das Spiel der Schatten, Moers 1995

Presser, Helmut: Das Buch vom Buch, Hannover 1978

Raecke, Renate (Hg.): Kinder- und Jugendliteratur in Deutschland, München 1999

Shannon, Faith: Kreatives Gestalten mit Papier, München 1992

Stiftung Lesen (Hg.): Lesen im Umbruch – Forschungsperspektiven im Zeitalter von Multimedia, Bonn 1998

Wespel, Manfred: Wie wird mein Kind zum Leser?, München 1998

Wieler, Petra: Vorlesen in der Familie. Fallstudien zur literarisch-kulturellen Sozialisation von Vierjährigen, Weinheim und München 1997

Wilpert, Gero von: Sachwörterbuch der Literatur, Stuttgart 1979

Literaturproduktionen von Kindern

Münchner Städtische Bibliotheken / Kultur & Spielraum (Hg.): Betonblüten – Großstadtstories von Münchner Kindern, mit einem Vorwort von Dagmar Chidolue, München 1990

Kultur & Spielraum / Münchner Städtische Bibliotheken / Kulturreferat der Landeshauptstadt München (Hg.): Bitte aufblättern! Wer steckt denn hinter Kinderbüchern? Hautnah bei Münchner Schriftstellern, Illustratorinnen, Übersetzern und Verlegerinnen, München 1992

Kultur & Spielraum / Münchner Städtische Bibliotheken: Geschichten aus dem Traumlabor (Hörspiel-Kassette), München 1995

Adressen

Kultur & Spielraum e.V., Ursulastr. 5, 80802 München, Tel: 089/ 34 16 76
(Weitere Informationen der Autorinnen dieses Buches und Literatur zu einzelnen Projekten)

Arbeitskreis für Jugendliteratur e.V.
Metzstr. 14
81667 München
Tel: 089 / 45 80 80 6
Fax: 089 / 45 80 80 88
(Buchempfehlungslisten, Fortbildungsangebote)

Börsenverein des Deutschen Buchhandels e.V.
Großer Hirschgraben 17–21
60311 Frankfurt
Tel.: 069 / 130 63 56
Fax: 069 / 130 64 35
(Aktion „Das lesende Klassenzimmer", Ausstellungen)

Friedrich-Bödecker-Kreis e.V.
Fischtorplatz 23
55116 Mainz
Tel. 06131 / 288 90-23
(Vermittlung von AutorInnen für Schullesungen)

Stiftung Lesen
Fischtorplatz 23
55116 Mainz
Tel: 06131/ 288 90-0
Fax: 06131/ 230 333
(Beratung, Buchempfehlungslisten, Publikationen zur Leseförderung, Tagungen)

Autorinnen

Cornelia Beckstein und Marion Schäfer, Sozial- und Kulturpädagoginnen, sind langjährige Mitarbeiterinnen beim Münchner Verein Kultur & Spielraum e.V., der bundesweit für seine innovative Kinder- und Jugendkulturarbeit bekannt ist. Ihre eigene Begeisterung für die Literatur und die Welt der Bücher war bei allen kulturpädagogischen Aktionen und Programmen zur Leseförderung spürbar, die sie in München mit zahlreichen Partnern veranstalteten und nach wie vor realisieren. In diesem Rahmen initiierten die Autorinnen einige Publikationen mit Kindertexten: Das Buch „Betonblüten – Großstadtstories von Münchner Kindern", die Hörspiel-Kassette „Geschichten aus dem Traumlabor", die Broschüre „Bitte aufblättern! Wer steckt denn hinter Kinderbüchern?" sowie verschiedene Kinder- und Jugendzeitungen und Kinderstadtteilpläne. Die Autorinnen würden sich sehr freuen, wenn ihre Anregungen auf positive Resonanz stoßen und die Literaturprojekte bei den Kindern großen Anklang finden.

Die Autorinnen sind an Rückfragen, Kritik und Anregungen interessiert. Bitte an:
Cornelia Beckstein und Marion Schäfer
Kultur & Spielraum e.V.
Ursulastr. 5
80802 München
Tel: 089 / 34 16 76

Illustratorin

Anne Wöstheinrich studierte Grafikdesign in Münster und arbeitet seit 1996 als Illustratorin für verschiedene Schulbuch- und Kinder- und Jugendbuchverlage. Sie lebt in Münster mit ihrem Partner und zwei Töchtern.

Register

Sybille Günther

iftah ya simsim

Spielend den Orient entdecken

ISBN (Buch): 3-931902-46-3
ISBN (CD): 3-931902-47-1

Gudrun Schreiber - Chen Xuan

**Zhongguo
...ab durch die Mitte**

Spielend China entdecken

IISBN: 3-931902-39-0

H.E.Höfele - S. Steffe

Der wilde Wilde Westen

Kinder spielen Abenteurer und Pioniere
ISBN: 3-931902-35-8 (Buch)

Wilde Westernlieder und Geschichten
ISBN: 3-931902-36-6 (CD)

Kinder spielen Geschichte

Im KIGA, Hort, Grundschule,
Orientierungsstufe, offene
Kindergruppen, bei Festen und
Spielnachmittagen

Die erfolgreiche Reihe
aus dem
Ökotopia Verlag

G. + F. Baumann

**Mit
Mammut
nach
Neandertal**

Kinder spielen
Steinzeit

ISBN: 3-925169-81-4

G. + F. Baumann

**ALEA
IACTA
EST**

Kinder spielen
Römer

ISBN: 3-9321902-24-2

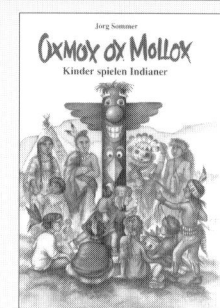

J. Sommer

**OXMOX
OX
MOLLOX**

Kinder spielen
Indianer

ISBN: 3-925169-43-1

B. Schön

**Wild
und
verwegen
übers
Meer**

Kinder spielen
Seefahrer und
Piraten

ISBN (Buch): 3-931902-05-6
ISBN (CD): 3-931902-08-0

P. Budde +
J. Kronfli

**Fliegende
Feder**

Indianische Kul-
tur in Spielen,
Liedern, Tänzen
und Geschichten

Box incl. CD   3-931902-26-9
CD   3-931902-23-4
Indianerpuppe Avyleni 3-931902-27-7

Floerke + Schön

**Markt,
Musik und
Mummen-
schanz**

Stadtleben im
Mittelalter

Das Mitmach-Buch
zum Tanzen, Sin-
gen, Spielen,
Schmökern,
Basteln & Kochen
ISBN (Buch): 3-931902-43-9
ISBN (CD): 3-931902-44-7

Auf den Spuren fremder Kulturen

M. Rosenbaum -
A. Lührmann-Sellmeyer

**PRIWJET
ROSSIJA**

Spielend Rußland
entdecken

ISBN: 3-931902-33-1

G. Schreiber –
P. Heilmann

Karibuni Watoto

Spielend Afrika
entdecken

ISBN (Buch): 3-931902-11-0
ISBN (CD): 3-931902-12-9

Miriam Schultze

**Sag mir wo der
Pfeffer wächst**

Spielend fremde
Völker entdecken

Eine ethnologische
Erlebnisreise
für Kinder

ISBN: 3-931902-15-3

Umwelt spielend begreifen

aus dem
Ökotopia Verlag
Hafenweg 26 · D-48155 Münster

Wasserfühlungen

Das ganze Jahr Naturerlebnisse an Bach und Tümpel – Naturführungen, Aktivitäten und Geschichtenbuch

Ein Handbuch für Naturwahrnehmungen an Kleinstgewässern mit Experimenten, Rezepten, Geschichten und spannenden Informationen zur Biologie und Mythologie von Pflanzen und Tieren. Für jede Jahreszeit werden verschiedene Spiele und Wahrnehmungsübungen vorgestellt, die das Verständnis und die Achtung für das Leben an Kleingewässern fördern.

ISBN: 3-936286-13-2

Wiesenfühlungen

Das ganze Jahr die Wiese erleben Naturführungen, Wahrnehmungsspiele und Geschichtenbuch

Wiesen sind Orte verschiendenster Geräusche, Gerüche, Farben und auch Gaumenfreuden, die nicht nur unseren Huftieren und Hasen schmecken. Unsere Wiesen sind aber auch Abenteuer- und Spielplätze, Orte der Ruhe und des Sonnenbadens, ein Zauberland, eine Universität und ein Garten.

ISBN: 3-931902-89-7

Waldfühlungen

Das ganze Jahr den Wald erleben – Naturführungen, Aktivitäten und Geschichtenfibel

Der Wald ist ein Abenteuer – ein Spielplatz, ein Zauberland, eine Universität und ein Garten. Die Bäume erzählen uns Geschichten, die in Sagen, Märchen und Gedichten weitergegeben werden. Aber auch andere Waldbewohner bieten Interessantes und Erstaunliches

ISBN: 3-931902-42-0

Freizeiten in Zeltlagern und Selbstversorgehäusern

Planung, Organisation und Aktivitäten für gelungene Gruppenfahrten

Die Informationen, Meinungen und Anleitungen in diesem Buch sollen beim Vorbereiten helfen, Entscheidungen anbieten und viele Wege sparen. Die erste Erfahrung ‚mit dem „Leben draußen" sollte eine schöne Erfahrung sein, um weitergehende Interessen und Fähigkeiten zu wecken und Berührungsängste abzubauen.

ISBN: 3-931902-82-X

Larix, Taxus, Betula

Pfiffige Spiele, Basteleien, Rezepte und Aktionen rund um Bäume

Eine wahre Fülle von Beschäftigungsideen rund um den Baum: Zu den Bastelvorschlägen mit einheimischen und exotischen Baumprodukten kommen Erkundungsaufträge, Spiele, größere Aktionen und ausgefallene Rezeptideen hinzu. Ergänzende Infos und kulturgeschichtliche Hinweise regen zur Weiterbeschäftigung mit dem Thema an.

ISBN: 3-925169-98-9

Naturnahe Spiel- und Begegnungsräume

Handbuch für Planung und Gestaltung

Grundlagen, Gestaltung, Raumbeziehungen, Pflanzen- und Materialauswahl, Bau in Bürgerbeteiligungsmodellen, Normen und Vorschriften, Wartung und Pflege, Kosten, Agenda 21

Das Handbuch wird ideal ergänzt durch eine CD-ROM mit 350 Dias, Video, zahlreichen Arbeitspapieren und Planungsunterlagen zum Ausdrucken.

ISBN: 3-931902-75-7

Mit Kindern in den Wald

**Wald-Erlebnis-Handbuch
Planung, Organisation und Gestaltung**

Es ist den Autorinnen gelungen, aus ihren vielfältigen Erfahrungen in Projekten mit Kinder-Gruppen ein echtes Wald-Erlebnis-Handbuch zusammenzustellen, das von der Planung, Organisation bis hin zur Durchführung zahlreiche Anregungen und Hilfestellungen gibt.

ISBN: 3-931902-25-0

Kiesel-Schotter-Hinkelstein

Geschichten und Spiele rund um Steine

Für Kinder und Erwachsene, für Einzelne und Gruppen bietet dieses Buch eine Fülle von Anregungen zum Forschen und Entdecken, zum Spielen und Formen, zum Sinnen und Sprechen.

ISBN: 3-925169-77-6